. . . .
단편영화, **영상공모전**
이렇게 제작하라

[개정판]

· · · ·
단편영화, **영상공모전**
이렇게 제작하라

ⓒ 김양식, 2015

초판 1쇄 발행 2015년 05월 01일

지은이   김양식
펴낸이   이기봉
편집   류주연, 김미라
펴낸곳   도서출판 좋은땅
출판등록 제2011-000082호
주소   서울특별시 마포구 서교동 386-6 태정빌딩 1층
전화   02)374-8616~7
팩스   02)374-8614
이메일   so20s@naver.com
홈페이지 www.g-world.co.kr

ISBN   979-11-5766-645-4 (03680)

이 도서의 국립중앙도서관 출판예정도서목록(CIP)은 서지정보유통지원시스템 홈페이지(http://seoji.nl.go.kr)와 국가자료공동목록시스템
(http://www.nl.go.kr/kolisnet)에서 이용하실 수 있습니다.(CIP제어번호: CIP2015010463)

단편영화,
영상공모전
이렇게 제작하라 [개정판]

"영화의 열정은 언제나 뜨거웠다."

김양식 지음
KIM YANG SIK

이 글을 읽는 독자라면 분명 영화제작에 깊은 관심이 있어서 일 것이다. 작품은 만든다는 것은 자신과의 고독한 삶의 싸움이자 자신의 가슴속 깊이 담겨 있는 메시지를 표현하고 싶은 깊은 욕망과의 사투일 수 있을 것이다.

그 안에 기쁨, 슬픔, 행복, 고뇌 모든 것들이 녹아들어 하나의 작품으로 완성될 것이다. 너무 어렵게 생각하지 말라. 시나리오와 어떻게 찍을까 고민하다가 시간을 허비하지 말라. 때론 찍으면서 생각하고 배우는 것이 더 빠를 수도 있다. 많이 찍어본 사람이 더 많은 것을 느끼고 좋은 작품을 완성시킬 수 있는 것이다.

그동안 가슴속 깊이 타오르고 있던 작품에 대한 열정과 멘토로서 나만의 노하우를 부족하지만 이 책에 최선을 다해 담았다. 여러분들 가슴속에 감독의 열정이 붉게 타오르길 진심으로 바라면서.

좋은땅

영화의 열정은 언제나 뜨거웠다

  독립영화를 어렵게 찍으며 힘들었던 20대 후반을 보내고 당당히 감독
으로 입봉해서 지금은 프로덕션에서 홍보영상과 교육영상들을 연출하
고 있다. 틈틈이 대학에서 강의와 독립영화 제작지원 그리고 영상제에
서 심사위원으로 활동하면서 후배나 제자들이 촬영한 작품들을 볼 때
아쉬움을 느낄 때가 많았다.

왜 단편영화를 찍는가?

  우리는 그 이유에 주목할 필요가 있다.
  그 이유는 단 하나이다. 바로 영화감독이 되기 위한 준비과정이기 때
문이다. 그렇다면 어떻게 찍어야 영화감독이 될 수 있을까? 찍은 작품
이 영화제나 영상제 기타 공모전에서 최소 입상은 되어야 사람들이 봐
주고 인정해줄 수 있다. 아무리 잘 찍은 작품이라 할지라도 독립영화에
대한 상영관이나 배급이 없는 한국에서는 개인소장용 또는 졸업 작품
상영용밖에 될 수 없는 것이다. 나는 대학 재학시절 4년 동안 13개의 단

편 작품을 찍었다. 졸업 후 군 생활을 마치고 대학원 재학시절 3년 동안 4개의 작품을 연출하고 하나의 작품을 촬영, 5개의 작품을 어드바이스 했다. 열 개의 작품 모두가 영화제와 영상제에 출품에서 수상을 했다. 그것도 단순 입상이 아닌 대상과 최우수상들을 받았다.

영화제와 영상제, UCC 등 모든 심사가 이뤄지는 공모전에서는 '단순히 잘 찍었다'라는 코드가 아닌 공모전에 통하는 커뮤니케이션이 있다는 것이다. 학생들에게 아무리 강조해도 이해하지 못한다. 오로지 자기가 표현하고 싶은 부분, 색감, 촬영만을 고민하고 고심할 뿐이다. **공모전에서 정말 원하는 것은 상업영화가 아닌 창작물의 독창성과 창의력, 열정과 연출력 그리고 주제가 담긴 작품이라는 것을……**

영화감독 **김양식**

p.s. 이 책은 어려운 이론을 엮은 것이 아니라 누구나 쉽게 이해할 수 있게 쓰여졌다. 책을 읽기 전에 유튜브에 올려놓은 〈사면초가〉와 〈초대〉 두 작품을 먼저 보고 읽는다면 큰 도움이 될 것이다.

■ 개정판을 준비하며

봄비가 멈추고 햇살이 따스하다.

따스한 봄날은 어느 누구에게나 기다리는 시간이고,

추운 겨울을 보낸 사람에게 신이 내린 선물일 것이다.

20대 후반을 돌아보면... 대학원을 다니며 주말과 평일 수업이 없는 날 프리랜서를 하면서 지방 곳곳을 촬영하러 다녔다. 그리고 그렇게 모은 돈으로 힘들게 작품을 찍었다. 그런 내 모습을 측은하게 또는 한심하게 바라보는 사람들이 많았다. 대학원 모임 때 '언제까지 독립영화만 하고 있을래?' 라고 말하는 선배도 있었다.

그러나...

지금 돌아보면 20대 때, 내가 찍고 싶었던 독립영화를 제작한건 내 인생 최고의 선택이었다. 책을 출판한다고 했을 때 몇몇 출판사에서는 전공 서적 중 가장 안 팔리는 분야가 바로 영화관련 책이라고 말해주었다. 아예 영화제작 이야기를 인문학적 관점에서 에세이 형식으로 집필해 인문학분야로 출판하는 것이 좋을 것이라는 의견이 다수였다.

하지만...

이 책을 출판한 것은 내 인생의 최고의 선택이었다!

내가 힘들게 독립영화를 제작할 때 사람들에게 받았던 도움을 후배나 제자들에게 돌려주고 싶었다. 그것이 내가 출판을 하려고 했던 가장 큰 목적이었다. 책이 몇 권이 팔리는 건 중요하지 않았다. 하지만 상업적 의도가 없었던 나의 처음 목적과 달리 책에 대한 반응은 뜨거웠다.

책을 출판하고 1년이 되지도 않았는데 1차 인쇄된 책들이다 판매되었다는 연락을 받았다. 출판사도 놀라고 나도 놀라고 내 주변 사람들이 모두 놀랐다.

최근 영화, 영상 컨텐츠 관련 책들을 많이 보았지만 형식적인 제작방법이나 이론적인 부분들만 나열해 놓았지 실제 현장에서 어떻게 연출을 해야 하는지에 관한 책들이 부족함을 많이 느꼈다.

유투브에 올린 작품을 보고 연기자 연기가 어설프다는 평을 단 리플을 보았다. 이 책은 '어떻게 하면 연기를 잘하게 연출할 수 있을까?'에 대해 논한 책이 아니라 '저렇게 연기가 부족한 작품이 어떻게 영화제에 갈수 있을까?' 또는 '부족한 제작비와 열악한 환경 속에서 어떻게 연출력 있게 표현할 수 있을까?' 에 포인트를 맞추었다.

저예산 독립영화는 항상 시간과 제작비와의 싸움이다. 또한 감독이 프로듀서, 연출, 촬영, 조명, 미술, 편집, 모든 역할을 다 맡아서 해야 될 때가 대부분이다. 이런 과정 안에 감독 자신만의 연출력이 빛나는 작품이 탄생할 수 있다. 최근 제작된 영화과 졸업 작품이나 영화제에 출품작을 보면 잘 찍은 영화들이 너무 많다. 연기도 잘했고 촬영도 잘되어 있고 색감과 사운드도 완벽하다. 정말 어디하나 부족한 부분이 없다. 하지만 그렇게 잘 찍은 작품들이 왜 영화제나 공모전에 가지 못하는 것일까?

잘 찍은 작품과 연출력이 살아있는 작품은 다르다. 그 부분 바로 연출력에 우리는 포인트를 맞추어야 한다. 특히 감독이 되기를 준비하고 있다면 자신의 색깔을 살릴 수 있는 시나리오와 그 안에 연출이라는 감성을 잘 넣어야 할 것이다. 감성 있는 연출... 촬영전 시나리오를 가지고 정말 가슴 깊게 고민하고 또 고민해 본 감독만이 느낄 수 있는 그 감성을 여러분도 느끼기를 바란다. 끝으로 2판 교정을 도와주신 장정희선생님에게 감사를 드린다.

영화감독 **김양식**

 CONTENTS

: 01 :

첫 장면이 공모전의
승부를 좌우한다

수상을 하려면 우선 본선 진출 작품에 들어가야 된다!

영화가 시작하고 3분 동안 관객의 호기심을 끌지 못한 영화는 흥행하지 못한다고 한다. 그렇다면 단편영화는 어떨까? 단편영화의 경우 길게는 1분, 짧게는 30초 동안 첫 장면이 후반에 펼쳐질 내용을 어필하지 못하면 이 영화는 공모전에 본선조차 올라갈 수 없다.

장편영화에서 영화의 승패는 시작의 첫 3분이라고 말한다.

중요한 것은 영화제나 공모전 심사방식을 이해해야 한다. 요즘 공모전에 출품작은 적게는 100여 개에서 기본적으로 300여 편 많게는 500여 편이 몰리는 공모전이 많다. 대부분 공모전은 예선을 거쳐 본선 진출작을 뽑는다. 심사위원들은 본선 작품들만 보는 경우가 많으며 예선은 대부분 영화제나 영상제 담당주최 측에서 뽑는 경우가 많다.

올리비에르 나카체 감독의 〈언터처블 1%의 우정〉

올리비에르 나카체 감독의 〈언터처블 1%의 우정〉

영화 〈언터처블 1%의 우정〉에서는 하루 24시간 도우미가 없으면 생활이 불가능한 전신불구 상위 1% 필립과 가진 거라곤 건강한 신체가 전부인 하위 1% 드리스. 전혀 어울릴 것 같지 않은 이 두 사람의 만남을 그린 영화이다.

이 작품은 영화 중반부의 경찰 추격씬을 맨 앞에 넣음으로써 약간은 지루한 전개의 프랑스 영화의 단점을 편집으로 커버한 작품이다.

만약 인서트 편집을 하지 않았다면 영화는 초반부터 매우 지루하게 진행되었을 것이다. 또한 심각한 모습을 필립과 드리스의 극적 상황을 통해 웃음으로 승화시킨 프랑스 영화 중 단연 최고작이라고 할 수 있다.

영화제에 출품된 500여 편의 많은 작품들을 다 볼 수 있을까? 만약 지금 당신이 영화제 심사위원이라고 생각해 보자. 그렇다면 그 많은 작품들을 전부 보며 본선 작품을 뽑을 수 있을까?

수상을 하려면 우선 본선 진출 작품에 들어가야 된다!

예전에 VHS 테이프 방식으로 영화제 출품을 할 때는 시작점을 테이프 넣으면 바로 영화가 나오게 정확히 맞춰서 보냈다. 왜냐하면 컬러바가 '삑' 하고 나오는 순간 심사위원들은 지루해지기 때문이다. 최근 공모전은 작품을 인터넷에 올려 클릭 수나 추천 수를 합산하여 점수로 주기도 한다.

당신이 인터넷 단편영화공모전 사이트에 들어갔다고 치자. 수많은 작품들이 있다. 클릭한 후 재미없어 보이는 작품을 과연 몇 초 동안 지켜볼 수 있을까? 길게는 30초요 짧게는 10초, 5초도 안 될 수 있다. 이미 오프닝이 나오는 순간 누군가는 다른 작품을 클릭하게 된다는 말이다.

10분 단편영화에 오프닝이 1분인 작품들 절대 영화제에 갈 수 없다!

학생들 작품의 특징 중 하나는 오프닝이 길다는 것이다.
영화는 단편인데 상업영화 스타일의 오프닝을 자주 볼 수 있다.

ex) 감독 ○○○ 촬영 ○○○ 주연 ○○○
심지어는 촬영장 사진이나 개별 포스트를 넣는 경우도 있다.

오프닝 편집을 할 때 6가지 포인트!

1. 오프닝 자막은 짧고 간단해야 한다.
2. 시작 전 칼라바는 절대 넣지 않는다.
3. 영화는 페이드인으로 바로 시작한다.
4. 오프닝 타이틀 자막은 7초를 넘지 않는다.
5. 타이틀 자막 전에 인트로 화면으로 관객의 호기심을 자극한다.

항상 가편이 끝나고 본 편집도 마무리가 되면 오프닝과 엔딩 그리고 중간에 중요한 장면들에 대한 인서트 화면이나 추가촬영을 진행한다. 항상 수업시간에 우리 과 학생들에게도 말하는 것이지만 추가촬영은 정말 중요하다. 추가촬영을 어떻게 하느냐에 따라 작품의 깊이가 달라지기 때문이다.

그럼 어떻게 오프닝 인트로를 시작해야 될까?

1. 가장 쉽게 오프닝 인트로를 만드는 방법은 영화 본 내용 중에 가장 중요한 부분이나 가장 핵심 되는 부분을 따와서 보여주는 방법이다.

영화 〈초대〉에서 보면 주인공 라헬이 영화 중간 부분에 욕조에 미끄러지듯이 빠지는 장면이 있다. 영화에서는 다시 욕조에서 올라오지만 초대 오프닝에서는 물에 빠지는 장면만을 보여주며 영화가 시작된다.

원래 시나리오상의 영화 장면은 주인공 라헬이 공항에서 빠져나와 횡단보도를 건너며 캐리어를 끌고 가는 장면에서 '초대'라는 자막이 함께 나온다. 하지만 원 시나리오상의 오프닝은 임팩트가 약했다.

주인공이 물에 빠지는 장면을 앞에 살짝 넣어주면서 관객은 이 주인공의 삶이 어떻게 될 것인가? 호기심에서 2번째 횡단보도를 건너는 장면을 보면서 '아, 주인공이 승무원이구나'라고 생각할 것이며 '승무원인 주인공이 어떻게 될 것인가?', '과연 욕조에서 죽을 것인가?'라는 궁금증을 갖게 될 것이다.

2. 오프닝 인트로를 재촬영해서 넣어준다.

영화 〈사면초가〉에서 보면 남자 주인공이 횡단보도를 건너기 전과 건넌 후 상황을 A, B로 보여주는 단편영화이다.

시나리오상의 첫 장면은 횡단보도로 걸어가는 남자 주인공이었지만 후반 편집과정 중에 오프닝이 약하고 부족하다는 판단 후 현금인출기에서 돈을 인출하는 장면을 추가로 촬영하였다.

물론 이 장면은 오프닝 의미 외에 잔금이 마이너스 4백만 원에 달하는 주인공의 상황을 부연설명하면서 영화의 주인공이 어렵게 삶을 살아가는 일반 서민적 이미지를 부각시켜준다.

그리고 '이러한 서민 이미지의 일반 시민에게 어떤 일이 벌어질까?'라는 호기심이 관객에게 이 영화를 끝까지 보게 해주는 힘이 되는 것이다.

3. 영화의 주제와 관련 있는 현재 이슈화되고 있는 신문기사나 뉴스를 짧게 편집해서 넣어준다.

아래 스틸은 김민용 감독의 단편 〈홈런볼〉의 오프닝 부분이다. 주인공은 야구장에서 귀중한 홈런볼을 캐치하면서 벌어지는 에피소드를 다루었다.

첫 인트로는 감독이 고민하면서 찾아야 될 것이다. 하지만 촬영 전에 고민할 것이 아니라 본 촬영이 마친 후 후반과정에서 고민할 문제이다.

물론 위에 3가지 방법 외에도 나만의 특별한 방법이나 첫 장면에 흥미를 이끌 수 있는 다른 방법이 있을 것이다. 촬영 전부터 첫 장면에 과도하게 집중하게 되면 영화의 전체적 흐름과 집중도가 끊길 수 있다. 본 영화를 다 만들고 기승전결을 완벽히 편집한 다음에 인트로로 쓰일 영상을 고민해 보아야 된다.

기억하라. 30초 안에 관객에게 관심을 주지 못하는 작품은 영화제 본선에 올라가기도 전에 예선심사에서 탈락으로 던져질 것이다.

〈영화이론〉
독립 단편? 독립영화란?

　일명 '인디영화', '실험영화', '독립 단편'이라고도 칭한다. 이윤 확보를 목표로 하는 일반 상업영화와는 달리 창작자의 연출의도가 우선시되며 주제와 형식, 제작방식 면에서 차별화된다.

　'독립'이란 자본과 배급망으로부터의 독립을 뜻한다. 곧 제작비를 대부분 연출자가 담당하기 때문에 본인이 의도하고 싶은 작품을 찍을 수 있고 배급망을 갖추고 있지 않기 때문에 영화제나 인터넷 등 소수의 관객과 독자적인 배급망을 갖고 있다.

　본래는 1920년대의 전위영화를 비롯하여 실험영화, 지하영화, 확대영화 등을 총망라하는 별칭으로 사용되었으나, 오늘날에는 개인이나 동호인에 의해 후원과 제작이 행해지는 모든 영화의 총칭으로 쓰인다.

　미국의 경우에는 독립영화만을 상영하는 극장들이 따로 있어서 여기서 거둔 이익을 다시 영화제작을 위해 환원하는 방식이 보편화되어 있다. 한국의 독립영화는 시대에 따라 성격을 달리하여, 1980년대 초반에는 외국의 실험영화나 단편영화들을 모델로 삼았고 1990년대에 들어서는 체제 저항적인 내용을 주로 다루었다.

　2000년대에 들어서면서 내용과 형식면에서 다양해지고 조금씩 상업성을 보이는 작품도 등장하고 있다. 하지만 국내에서는 아직 하나의 작품의 세계가 아닌 영화 입봉을 준비하는 감독이나 영화, 미디어 관련 학과 학생들이 제작하는 작품들이 대부분이다.

올리비에르 나카체 감독의 〈언터처블 1%의 우정〉

사람들이 왜 예술을 원하는지 아나?

자신만의 흔적을 남기기 위해서지.

: 02 :
단편영화는 어떻게
시작해야 하는가?

영화는 카메라를 구입하는 순간부터 시작된다.

쥬세페 토르나토레 감독의 〈시네마 천국〉(1988)은 어린 시절 큰 충격을 주었던 영화이다. 주인공 토토는 어린 시절 마을의 영사기사 알프레도에게 영사기술을 배우며 영화에 대한 꿈을 키워나간다. 친구이자 정신적 아버지였던 알프레도의 사망소식을 듣고 30년 만에 고향으로 돌아오게 된 그는 이미 성공한 영화감독이었지만 첫사랑 실패에 대한 아픔이 가슴속 깊이 남아 있었다.

쥬세페 토르나토레 감독의 〈시네마 천국〉

이 책을 읽는 사람이라면 아마 〈시네마 천국〉을 안 본 사람은 없을 것이라 생각된다. 만약 아직 보지 않았다면 잠시 책을 멈추고 영화부터 감상하는 것도 좋을 것이다.

충남 홍성에서 고등학교를 마치고 청운을 꿈을 가지고 대학에 입학을 했다. 그것도 내가 그렇게 꿈꾸던 신문방송학과(언론정보학과)에 입학을 했다. 입학 후 계획은 딱 한 가지였다. 단편영화를 찍는 것! 영화과 학생들은 학기마다 작품을 찍지만 언론정보학과인 경우 졸업 작품으로 4학년 때 딱 하나의 작품을 찍는 경우가 많다. 그리고 장비 또한 많이 갖추어 있지 않았다.

학교에 전설로 내려오는 선배를 만나다.

그는 4학년 예비역이었는데 이미 다섯 작품이나 되는 단편을 찍었고 영화에 대한 지식 또한 매우 깊은 선배였다. 나는 전설로 내려오는 대선배님에게 물었다. 제가 단편영화를 찍고 싶은데 무엇부터 시작할지 정말 막막합니다. 어떻게 준비해서 찍어야 하나요?

선배의 답변은 간단 매우 명료했다

카메라를 사라!

바로 '카메라를 사라'라는 것이었다.

단순하지만 그의 답변에는 많은 함축적 의미가 담겨 있었다. 그날 이후 나는 준비하던 시나리오와 읽던 책들을 던져 놓고 바로 카메라를 사기 위한 일들을 시작한다. 여름방학이 다가오자 막일을 구해서 공사판으로 출퇴근을 시작했다.

무사에게 검이 가장 중요하듯이 촬영에 임하는 감독에게 카메라는 매우 중요하다.

물론 '감독은 연출에 집중해야지요?' 라고 반문할 수도 있겠지만 제대로 된 시스템을 갖추지 못하고 촬영되는 독립영화 현장에서는 감독의 역량이 모든 것을 지배한다.

특히 촬영 파트 또한 촬영감독의 경력이 높지 않을 경우 감독이 많은 디테일 또한 살펴야 한다. 그렇기 때문에 카메라가 매우 중요하다. 여름 동안 열심히 일해서 당시 소니 'VX1000'란 6mm 카메라를 구입했다. 그 카메라는 ENG 시대에 6mm VJ 시스템을 만든 시초의 카메라이자 당시에 '나쁜 영화'나 '로드무비' 또는 영화 중간 중간 큰 카메라로 촬영하기 힘든 부분들을 촬영할 수 있게 해준 카메라이기도 하다.

6mm의 탄생은 필름으로만 제작해야 했던 현실에서 누구나 쉽고 간편하게 제작을 할 수 있는 환경으로 변화를 주었다. 이 변화는 디지털의 시작을 알리는 청신호이자 영화와 방송이 발전할 수 있는 역량이 되었다.

SONY VX1000 초창기 사진

그리고 대학원 시절에는 파나소닉에서 나온 DVX100이란 6mm 카메라를 가지고 모든 작품을 촬영했다. 지금은 24p를 지원하는 카메라는 흔하지만 2003년도 당시에는 6mm 카메라 중엔 유일하게 24프레임과 필름룩을 지원하는 카메라는 딱 하나였다.

사진(좌) DVX100 스테디 캠을 이용해서 촬영 중인 모습(사면초가.)
사진(우) DVX100 카메라 두 대를 이용해 촬영 중인 모습(지하철역.)

단편에서도 성능이나 디테일이 필요한 상위 카메라보다는 자신이 소화할 수 있고 얼마나 운영할 수 있는가가 중요하다. 지금 만약 단편영화를 찍는 후배가 있다면 권하고 싶은 카메라는 7D, 5D MARK3나 Z5이다. 7D, 5D일 경우는 렌즈교환을 통해 심도와 여러 각도를 표현할 수 있겠고 Z5같은 경우는 운영이 쉽기 때문에 동선이 많은 다큐 작품이나 포커스가 어려운 핸드 헬드나 로드 촬영이 많은 작품에 적합할 것이다.

실력이 약한 무사에게 큰 검은 독이 될 뿐이다.

'선배가 카메라를 사라!'라고 말해준 이유를 그때는 단순히 장비적 문제인줄 알았지만 카메라를 구입한 후 또 다른 많은 이유가 있음을 알게 되었다.

1. 언제나 찍고 싶을 때 편하게 찍을 수 있다.

장비를 대여한 것이 아니기 때문에 언제나 생각나는 대로 찍어보고 연습할 수 있었다. 대학 때 13개의 작품을 연출할 수 있었던 것은 바로 내 카메라가 있었기 때문이다.

2. 카메라를 가지고 있기 때문에 촬영 스킬이 향상되었다.

많이 찍어보고 많이 만져본 사람이 잘 찍을 수밖에 없다. 물론 그 이후에 학습과 감각이란 2가지가 보탬이 되어야지만 운전면허만 딴 사람과 운전면허를 딴 후 자기 차를 가지고 다니는 사람과 그 차이는 분명하다. 작품 촬영 시마다 카메라를 대여해서 썼다면 카메라 스킬이 발전하지 않았을 것이다. 난 연출 출신이지만 평범한 촬영감독들보다 촬영을 잘한다. 그렇기 때문에 지금도 틈틈이 직접 촬영도 하고 내 작품에서 사용된 스테디캠 촬영이나 핸드 헬드 촬영은 내가 직접 할 수 있다.

3. 장비를 가지고 있다는 것으로 많은 기회들을 만날 수 있다.

장비가 있다는 것으로 다른 작품에 참여할 많은 기회들을 가질 수 있다. 무엇보다 카메라를 구입 후부터 막노동이나 체력을 위주로 하는 아르바이트를 벗어나 내 카메라로 촬영을 하는 프리랜서로 전향할 수 있었다. 행사촬영, 스케치영상, 공연 촬영 등 촬영 프리랜서 활동을 통해 학생의 나이에 남들보다 많은 수입을 가질 수 있었다. 그 수입은 다시 제작비로 활용되었다. 또한 촬영을 통해 만난 사람들과 영화에 대해 이야기하며 같이 작업을 하기도 하고 촬영을 다니면서 벌어지는 소소한 이야기들을 시나리오로 적용하기도 했다.

사진(좌) 장편 〈2005 지하철역〉 촬영현장.
지향성 마이크에 낚싯대를 이용해 만든 붐 마이크를 이용해 촬영을 하고 있다.
사진(우) 〈2005 지하철역〉 2003년 12월 24일 크리스마스 전날 강남역 지오
다노 맞은편 로드에서 크랭크인을 했다.
홍승일 조감독과 촬영감독이던 김민용 감독의 모습.

요즘은 싸고 편한 카메라 대여점이 넘쳐난다.

편하게 쉽게 찍을 수 있을 만큼 작품에 대한 열정은 떨어져 간다.

독립영화를 하던 시절에 붐 마이크가 없어 카메라 마이크를 빼어 연장선에 연결 후 낚싯대를 이용해 촬영을 하기도 했으며 조명이 부족해 많은 스탠드를 모아서 촬영을 하기도 했다. 하지만 요즘 후배들을 보면 아쉬울 때가 많다. 사무실에서 스테디 캠이나 붐 마이크나 조명장비들을 빌려가서 언제나 촬영 때 쓰라고 하지만 그렇게 열정 있게 영화에 임하는 후배들은 많지 않다. 대부분 작품을 촬영할 시간에 토익학원에 영어공부를 하고 있다.

사진) 논현동 반지하 작업실에서 회의 중인 김양식 감독.
에어컨도 한 대 없던 작업실에서 선풍기 한 대로 힘들게 여름을 버티며
⟨2005 지하철역⟩을 편집했다. 하지만 항상 즐거웠던 건 내 작품이 완성
되어 가고 있다는 사실이었다.

제대 후 논현동 반지하 작업실에서 숙식을 해결하며 컴퓨터 한 대와 카메라 한 대로 시작한 외길 영화의 인생이었다. 지금은 좋은 집에 좋은 차에 좋은 사무실에 좋은 장비들이 넘쳐난다. 20대 중후반에는 1,650원에 판매하던 한솔도시락 저가형 세트로 끼니를 힘들게 때워야 했지만 지금은 먹고 싶은 것, 하고 싶은 것, 보고 싶은 것…… 넉넉히 할 수 있다. 감히 성공을 말할 수 있는 것은 누구보다 열정적으로 열심히 일 했기 때문이고 내가 가장 하고 싶고 가장 잘할 수 있는 것에 투자했기 때문이다.

내가 가장 하고 싶고 가장 잘할 수 있는 것에
투자하는 것이 성공의 지름길이다.

⟨영화이론⟩
촬영의 방법

1. Fix 촬영(고정촬영) – 카메라를 어깨나 삼각대에 고정으로 놓고 피사체의 모습을 촬영하는 것으로 고정되어 있는 피사체를 촬영할 때 쓰인다.

2. Panning 촬영 – 피사체의 모습을 왼쪽에서 오른쪽으로 오른쪽에서 왼쪽으로 카메라를 이동하면서 촬영함으로써 피사체의 모습을 역동적으로 보여줄 때 쓰인다. 좌에서 우가 기본이며 반대일 경우는 호러물이나 액션 관객에게 불편함을 필요로 할 때 쓴다.

3. Tilt – 카메라를 수직 수평으로 움직이면서 촬영하는 것으로 피사체의 모습에 상승 하강효과를 줄 때 쓰인다. 카메라를 삼각대에 고정시켰을 때나 손으로 들었을 때 그대로 일직선으로 올렸다 내렸다 하는 방식이다.

4. Dolly – 달리 인을 하면 카메라가 들어갈수록 새로운 피사체가 앵글 안에 나타나고 달리 아웃을 하면 반대로 피사체가 빠져 나온다. 최근은 제작비로 인해 이동차를 설치하기 보다는 슬라이드 캠으로 간단히 트라이포드 위에 올려놓고 촬영하는 기법이 많이 사용된다.

5. Zoom – 카메라의 줌 레버를 이용하여 피사체를 망원에서 광각, 광각에서 망원으로 움직이는 것. 영화에서는 절대 쓰지 말아야 하며 만약 사용한다면 중간 편집을 통해 점프컷 형식으로 사용해야 한다. 영화의 절정부분에 주인공의 감정을 표현할 때 한 컷 정도 사용해야 된다.

토토. 네가 영사실 일을 사랑했던 것처럼

무슨 일을 하든 네 일을 사랑하렴.

– 영화 〈시네마 천국〉 알프레도 대사 중

어떤 소재로
무엇을 찍어야 하는가?

연출을 가장 잘할 수 있는 캐릭터는 바로 자신의 현재 모습이다.
감독 자신의 나이에 표현할 수 있는 많은 이야기들이 있다.

한국독립영화의 초창기는 아주 어두운 작품들이 많았다. 낙태, 자살, 살인, 사회의 음지의 소외받는 사람들의 모습을 어둡게 표현했다. 이런 작품들이 1990년대와 2005년도까지 주를 이뤄왔다. 하지만 2010년 이후 독립 단편은 많이 달라졌다. 작품의 수준도 높아졌으며 상업영화의 연기자들이 출현하는 작품도 늘어났다. 또한 작품 분위기도 밝고 신선하며 재미있다. 물론 신선하며 유쾌한 시나리오를 쓰는 것은 어렵다. 좋은 소재를 찾아야 되고 그 소재 안에 캐릭터를 설정하고 사건과 플롯을 통해 긴장감 유지시키며 재미있고 감동 있게 구성해야 된다.

조 카나한 감독의 〈더 그레이〉(2012)

주연 리암 니슨은 알래스카에서 작업자들을 외부의 야생동물로부터 보호하는 일을 하는 프로페셔널 가드이다. 고향으로 돌아가기 위해 비행기에 탑승하지만 알래스카 설원 속에 불시착하게 된다.

생존자들과 영하 30도의 날씨 그리고 늑대무리의 추격을 받게 된다. 삶과 생존의 문제 속에 인간의 본성과 삶의 의미를 다시 생각하게 하는 영화 〈더 그레이〉. 리암 니슨의 액션작품 중에 최고의 작품이라고 말해도 될 것이다. '우리 인생도 영화 속 주인공들처럼 많은 싸움과 역경 속에 생존의 희망을 찾아 나서는 것이 아닐까?' 라고 생각되는 작품이다.

조 카나한 감독의 〈더 그레이〉(2012)

〈더 그레이〉는 비행기 조난이라는 영화에서 많이 쓰는 사건에 늑대와의 사투라는 신선한 소재를 붙임으로 시나리오를 완성했다. 시나리오 책들을 읽어보면 작법부터 플롯까지 많은 이야기가 나왔지만 정작 중요한 것은 어떤 소재로 어떻게 써야 되는지에 대한 해답은 없다.

시나리오 책 중 내가 가장 존경하는 로널드 B.토비아스『인간의 마음을 사로잡는 스무 가지 플롯』책을 보면 중요한 포인트들을 정말 잘 집어주고 있다. 시나리오를 쓰고 있는 당신이라면 꼭 권하고 싶은 책들이다.

소설과 논픽션 작가이자 교수인, 로널드 B. 토비아스(Ronald B. Tobias).
단편소설로 시작하여 장편소설과 논픽션을 썼고, 나중에는 텔레비전 다큐멘터리를 구성하고, 제작도 하였다. 지금은 미국 몬태나 주립대학교 미디어와 연극학과 교수로 있다.

책 초반부에 보면 아리스토텔레스가 주장한 기본원리 3가지가 있다.

1. 첫 장면에서 호기심을 자극하라.
2. 반전과 발견으로 긴장을 유지하라.
3. 완벽한 결말을 이뤄라.

– 『인간의 마음을 사로잡는 스무 가지 플롯』 40p-44p 중에서

첫 장면의 중요성에 대해서는 앞 페이지에서 충분히 설명을 했다. 사건의 발전과 발견을 통해서 관객에게 긴장감과 기대감을 주어야 한다. 인터넷에 독립영화를 상영한다면 조금만 흥미가 떨어져도 작품을 보는 인터넷 관객은 바로 다른 작품을 클릭할 것이다.

완벽하지 않은 결말이란……
관객에게 그 결말을 맡기는 것이다.

상업영화에서 많이 볼 수 있다.
칼 한 자루나 총 하나를 메고 적진을 향해 뛰어드는 주인공

화면 암전되고

'탕탕탕'

그리고 END.

극장용 상업영화와는 다르게 독립 단편이나 UCC영상이 다른 점이 있다.

독립 단편이나 UCC는 연출자의 정확한 연출의도와 생각을 표현하는 작품이다. 아무런 결론 없이 관객의 상상에 맡기면 안 된다. 영화과 학생들 작품들 중에 해 뜨는 아침에 두 주인공이 손을 붙잡고 걸어가며 끝나거나 사건은 해결 안 되었는데 노을 속에 주인공이 걸어가며 상상에 맡긴다든가……

이런 난해한 결론은 안 된다.

내 생각은 이렇다.
내 연출 의도는 이것이다.
나는 이것을 표현하고 싶어 이 작품을 찍었다.

작품을 통해서 세상에 하고 외치고 싶었던 메시지다.
이런 감독의 생각과 가슴속의 메시지가 바로 연출의도인 것이다.

정확히 말하는 작품이 영화제에 갈 수 있고 그런 생각들을 표현하고 싶기 때문에 작품을 찍는 것이다.

이것이 단편영화이자 주제가 명확하게 제작된 일반인들의 영상이 바로 UCC인 것이다. 자신의 생각을 표현하되 그것을 영화적 기법으로 영상적 미학으로 주인공을 선정하고 스토리를 통해서 간접적으로 감독의 메시지를 표현해야 한다.

인간의 마음을 사로잡는 스무 가지 플롯

1. 추　　구 – 돈키호테는 사랑을 얻을 것인가?

2. 모　　험 – 초점을 여행에 맞춰라.

3. 추　　적 – 도망자의 길은 좁을수록 좋다

4. 구　　출 – 흑백논리도 설득력이 있다.

5. 탈　　출 – 두 번 실패한 다음 성공하게 하라.

6. 복　　수 – 범죄를 목격하게 만들면 효과가 커진다.

7. 수수께끼 – 가장 중요한 단서는 감추지 않는다.

8. 라 이 벌 – 경쟁자는 상대방을 이용한다.

9. 희 생 자 – 주인공의 정서적 수준을 낮춰라.

10. 유　　혹 – 복잡한 인물이 유혹에 빠진다.

11. 변　　신 – 변하는 인물에는 미스터리가 있다.

12. 변　　모 – 변화의 책임을 누가 질 것인가?

13. 성　　숙 – 서리를 맞아야 맛이 깊어진다.

14. 사　　랑 – 시련이 클수록 꽃은 화려하다.

15. 금지된 사랑 – 빗나간 열정은 죽음으로 빚을 갚는다.

16. 희　　생 – 운명의 열쇠가 도덕적 난관을 만든다.

17. 발　　견 – 사소한 일에도 인생의 의미가 담겨 있다.

18. 지독한 행위 – 사소한 성격 결함이 몰락을 부른다.

19. 상승과 몰락 – 늦게 시작하고 일찍 끝을 맺는다.

20. 마무리말 – 최종 목적지를 잊지 말라.

– 『인간의 마음을 사로잡는 스무 가지 플롯』 중에서 –

〈뚜릉뚜릉〉 연출의도:

우리는 왜 독립영화를 하는가? 흔히 독립영화라 함은 일반인에게는 어렵고 난해한 영화로 인식되고 있다. '우리 독립영화인들이 영화를 어둡고 이해하기 힘들게 만들기 때문에 우리 작품들이 더욱 고립되는 것이 아닌가?' 생각에서 만든 작품이다.

작품은 16분 20초로 기존 독립 영화적 분위기를 완전 탈피해 우리 일상에서 정말 재미있게 일어날 수 있는 일들을 영화적 장치를 이용해서 표현해 보았다. 특히 단편에서 아직 시도하지 못한 추격씬을 롱테이크로 현실감 있게 촬영해 보았다. 본 작품은 단편영화에서 느끼기 힘든 대중성, 재미를 더한 작품이다.

26살 제대 후 몸풀기로 4일 동안 찍은 〈뚜릉뚜릉〉(16분 단편)은 각종 영화제에 초대를 받았다. 심사위원들마다 독립영화가 이렇게 유쾌하고 재미있을 수 있다는 게 신기하다며 호평을 받은 작품이다.

나는 영화는 밝고 재미있어야 한다고 생각한다.

제대 후 첫 작품이 좋은 결실을 이뤘기 때문에 다음 작품들도 탄력을
받아 계속 할 수 있었다.

〈뚜룽뚜룽〉의 포인트는 재미있고 유쾌하고 또한 당시 독립영화에서
많이 사용하지 않는, 뛰는 씬을 아주 매끄럽게 촬영했다는 촬영기법에
큰 포인트가 있다. 하지만 결정적인 주제나 감동이 없기 때문에 많은 영
화제에서 우수상만을 수상했다. 대상은 감동이 있어야 된다는 것! 이
부분은 뒤에 다시 논하도록 하겠다.

누구나 영화를 보고 웃을 수 있고 유쾌하게 그렸다고 느낄 수 있어야
좋은 작품이다. 그리고 한 단계 더 높여 사회의 어두운 부분을 풍자하
거나 밝게 표현해서 관객 측에서 한 번쯤 그 부분을 다시 생각해보고
느낄 수 있게 한다면 최고의 작품이다.

단편 〈아름다운 동행〉

그렇다면 소재를 어떻게 찾아야 할 것인가?

고등학교 작품의 대부분의 소재는 이런 내용이다.

왕따, 흡연, 교내 짱, 낙태, 사랑, 입시…… 이런 내용들은 뻔한 내용들이다. 물론 흡연으로 고민하는 친구의 모습을 통해 우정을 그린 작품이라면 좋은 작품이다. 하지만 대부분의 작품이 부정적인 시각에서 표현하고 흡연이란 문제를 직접적으로 다루었기 때문에 좋은 작품으로 평가받지 못한다.

단편에서의 병원 씬은 너무도 흔하다. 병원은 작은 소재로만 사용해야지 병원 씬을 단편의 중요한 갈등의 포인트로 사용하면 사람들은 식상해할 것이다.

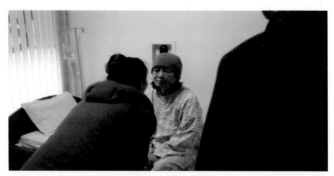

단편 〈엄마의 집〉

대학교 작품은 대부분 이런 내용이다. 고등학교의 수준을 벗어나지 못한다. 사랑, 동성애, 살인, 도박, 취업문제, 군 입대…… 이런 내용들이다.

또한 대부분 20대의 초중반의 학생들이 성인 흉내를 내는 작품들이 많다. 물론 연기자를 구하지 못해서 그렇겠지만 회사 대표가 나온다든지 나이가 있는 역할이 나와서 영화의 무게감을 잡아줄 부분에 학생들 중에 조금 나이 들어 보이는 친구가 나와서 연기를 하기 때문에 어설프기 짝이 없다. 이것은 이미 시나리오 소재 찾기에서 실패한 영화이다.

연출을 가장 잘할 수 있는 캐릭터는 바로 자신의 현재 모습이다.

소재 찾기나 시나리오는 바로 내 자신부터 돌아봐야 된다. 그리고 내 주변 사람들에서 캐릭터를 발견하고 찾아야 된다. 연기자도 멀리서 구할 필요가 없다. 친구 중에 있는 캐릭터로 작품을 써나갔다면 바로 그 친구를 캐스팅 할 필요가 있기 때문이다.

또한 자기 나이 대가 아닌 내가 아직 살아보지도 못한 어른 나이 대를 연출한다는 것은 캐스팅부터 연기지도까지 많은 어려움이 있다.

감독이 자신의 나이에 표현할 수 있는 많은 이야기들이 있다.

봉준호 감독의 영화 〈괴물〉을 예로 들어보자. 영화는 괴물이란 소재를 가지고 가족의 모습을 유쾌하게 다루고 있다. 그 안에는 주한미군의 독극물을 방류한 사회적 문제를 간접적으로 표현한다. 그리고 괴물로 인해 한 가족의 당할 수밖에 없는 사회구조적 문제와 괴물을 잡았지만 별반 다를 거 없이 다시 살아가는 소시민의 삶을 잘 그린 작품이다.

봉준호 감독 영화 〈괴물〉

영화 〈괴물〉은 심각한 상황에서도 가족들의 웃음 코드를 보여주고 있다. 또한 이 영화의 소재는 '괴물'이며 주제는 '가족'이라는 것이다. 1,300만의 관객 수를 달성한 괴물. 봉준호 감독의 〈살인의 추억〉 이후 한국영화를 대표하는 감독의 자리를 잡게 해준 작품이라고 할 수 있다.

단편도 괴물 영화와 비슷하다. 만약 이 작품이 미국의 독극물 문제를 간접 비판이 아니라 직접 비판하거나 주인공이 가족이 아닌 괴물로 잡고 괴물과의 액션만을 강조했다면 그렇게 좋은 작품이 나오지도 못했을 것이다. 또한 액션 위주로 영화를 촬영했다면 제작비의 3-4배 이상의 지출이 더 있었을 것이다.

주제는 함축적 의미를 두고 사회적 비판은 간접 비판을 해야 되며 제작비가 많이 드는 부분들은 최소화한다. 소시민의 삶을 표현하되 어둡게 그리는 것이 아니라 유쾌하고 재미있게 풍자하는 작품이 최고인 것이다.

'체력도 예술적 감성만큼 필요하다'라고 말한 일본의 대표작가 무라카미 하루키. 국내에는 『해변의 카프카』, 『IQ84』, 『상실의 시대』 등으로 유명하다. 새벽 4시경 일어나서 5-6시간을 글쓰기에 집중하고 오후에는 독서와 운동 사색을 즐겼다고 한다.

유명 작가들의 삶을 보면 일정한 패턴을 상당히 중요시한다. 그리고 하루 종일 글을 쓰지 않고 집중할 수 있는 일정 시간에 작업이 이루어진다. 문화심리학자 김정운 교수는 이런 작가들의 일정한 패턴을 '리추얼'이라고 말한다. 일상의 반복적인 행동패턴. 이 '리추얼'의 변형은 가는 곳만을 고집하고 입는 옷 스타일만을 고집하고 자신의 정해놓은 규격 안에서 움직이는 것을 좋아한다.

-출처: 『리추얼』 메이슨 커리 지음

예술가라서 작가라서 새로운 것을 늘 추구하고 항상 이곳저곳을 다닐 것이라 사람들은 생각하지만 결과는 다르다. 대부분의 작가들은 일정한 패턴을 유지하며 1년에 1-2회 여행을 다닐 뿐이다. 창작이란 정말 즐거우면서도 어렵다. 글을 쓰고 수정하고 또 수정하고 이 과정을 반복하면서 영화라는 작품이 완성된다. 그렇기 때문에 예술은 멀고도 힘든 것이다. 하지만 반대로 정말 즐거울 수도 있다.

내가 생각하는 것, 내가 표현하고자 하는 것, 내 주변에 일어나는 일상적이지만 재미있는 사건들을 한 번 영상으로 표현해보자. 이런 방향성을 가지고 주위를 좀 더 섬세하게 둘러본다면 나만의 소재와 이야기들이 분명 있을 것이다.

조 카나한 감독의 〈더 그레이〉

한 번 더 싸워보세

마지막으로 폼 나게 싸워보세

바로 이날 살고 또 죽으세

바로 이날 살고 또 죽으세

― 영화 〈더 그레이〉 대사 중

심사위원의 입장에서
바라보라

공모전 심사를 할 때 가장 싫어하는 두 가지

1. 학생들이 성인 흉내를 내는 것!
2. 독립 단편이 상업영화를 흉내 내는 것!

쥬세페 토르나토레 감독의 영화 〈말레나〉

　영화 〈말레나〉는 여주인공을 중심으로 흐름이 전개되지만 실제로는 전쟁 상황 속에 성장하는 어린 남자 아이의 삶의 모습을 담고 있다.

　영화는 1인칭 관찰자 시점에서 내용을 전개한다. 만약 전지적 작가시점이나 다른 방법의 전개를 했다면 이 작품은 단순히 '모니카 벨루치'가 출연한 작품으로 남았겠지만 남자 주인공의 시점에서 어린 시절부터 어른이 되어가는 성장기를 솔직하게 다루었다. 그 안에 첫사랑과 전쟁으로 인해 드러나는 인간의 본성을 그려 넣었다. 관객인 내가 어린 시절로 다시 돌아간 느낌을 준다.

영화는 어떤 시점으로 표현하고 있느냐?
매우 중요한 부분이다.
그리고 어떤 시점으로 누가 보느냐에 따라 그 결과 또한 달라진다.

쥬세페 토르나토레 감독의 영화 〈말레나〉

얼마 전 경기도에 공모전이 있어서 심사위원으로 참석했다. 대부분 공모전 심사는 영화제나 영상제의 규모에 따라 달라지지만 3-5인 정도가 구성된다. 현업 감독과 대학교수 그리고 해당 공무원이 필수로 참석한다. 나이 대는 40-50대 남자 분들로 구성된다. 대부분 사회적인 도덕성과 윤리, 사회규범 등을 중요시하는 분들이다. 본선 진출작만 보려고 해도 어두운 스크린 밑에 남자 4명이 앉아서 점수판을 들고 작품들을 3-5시간 정도 본다고 상상해보라. 얼마나 지루하겠나?

그렇다면 점수판에 심사위원이 매긴 점수로 대상을 뽑을까?

절대 그렇지 않다. 작품을 다본 후 수상작들을 어떻게 할 것인가 회의를 통해 선정을 한다. 특히 대상작품은 그 영화제의 얼굴이기 때문에 완성도와 충분한 감동이 있는 작품을 선정한다. 그렇기 때문에 앞서 이야기했지만 재미있고 유쾌한 작품들이 본선에 쉽게 올라갈 수 있다는 것이다.

공모전 심사를 할 때 가장 싫어하는 두 가지가 있다.

1. 학생들이 성인 흉내를 내는 것!
2. 독립 단편이 상업영화를 흉내 내는 것!

1, 2번 다 똑같은 얘기이다. 독립 단편은 독립 단편다워야 하며 학생 작품은 학생 작품다워야 한다. 어설픈 액션, 어설픈 로맨스 이런 것이 통하지 않는다. 요즘 영화과 학생들 작품들 중에는 액션작품들이 상당히 있다.

물론 촬영도 잘 되어 있지만 어디선가 본 듯한 화려한 앵글, 수많은 컷들, 상업영화 느낌의 작품은 영화제에서 통하지 않는다는 것이다. 항상 촬영기법이, 감독의 연출력과 창의성을 넘어서면 안 된다.

단편영화 〈쿠바〉

단편영화 〈쿠바〉는 독립영화라 하기엔 촬영과 색감이 너무 잘 표현된 작품이다. 하지만 영화 후반의 연출력과 창의성 아쉬움이 살짝 남는 작품이다.

독립 단편에서 가장 중요시하는 것이 감독의 연출력이며 시나리오의 창의성이다. 그리고 기존에 누가 하지 않은 독창적인 모습들을 보여줘야한다는 것이다. 물론 부산 국제영화제나 미장센 영화제는 작품들의 수준이 상당히 높다. 어떤 작품은 상업영화와 비슷하게 느껴지기도 한다. 하지만 촬영만 잘해서는 절대 영화제나 공모전에 입상할 수 없다.

우리 과 학생들 졸업 작품만을 봐도 정말 잘 찍었다. 카메라와 장비도 매우 좋은 것을 쓰고 색감 보정작업까지 마쳤기 때문에 완성도 또한 훌륭하다. 하지만 의외로 영화제나 영상공모전에 수상이 되는 작품은 많지 않다.

그 이유는 촬영만 잘 되어 있고 완성도만 높을 뿐……

심사위원의 눈에는 상업영화를 잘 따라 찍은 작품에 불과하기 때문이다.

사진(좌) 장편 〈지하철역〉 세트를 제작하지 않고 오피스텔에서 촬영을 했다.
사진(우) 중편 〈She..〉 세트를 제작하지 않고 원룸에서 촬영을 했다.

또한 무리한 세트를 하느라 제작비의 절반 이상을 세트비용으로 쓰는 경우도 있다. 세트의 중요성도 좋지만 세트보다는 로케이션으로 바꾸고 남는 예산으로 좀 더 깊이 있는 연기자를 쓴다면 훨씬 작품이 좋아질 것이다.

본인의 작품에 투입될 예산을 어디에 집중할 것인지를 잘 판단해야 된다.

내가 심사위원이라면 '이 작품을 수상작으로 뽑을 것인가?' 객관적이고 냉정하게 판단해 보아야 한다. 그러기 위해선 많은 사람들에게 작품을 보여주고 코멘트를 받는 것도 상당히 중요하다.

그 부분은 후반 작업 부분에서 다시 얘기를 하겠다.

내 작품을 인터넷에 올렸는데 사람들이 1분 이상 보지 못한다.

그렇다면 그 작품은 이미 수상하기 힘든 작품이요.

영화제에 초청받기 힘든 작품이다.

내 작품이니까?

감독의 연출의도가 이러니까?

아무도 인정해주지 않는

자기만의 세계에 빠져서 만족하는 독립영화라면······

본인 보관용으로 가지고 있으면 된다.

굳이 영화제나 공모전에 출품할 이유가 없다.

영화제에서 대상으로 문화부장관상을 받고 있는 독립영화 〈초대〉.
한국영화의 거장이자 현 최고령 원로 감독이신 영화 〈오발탄〉의 연출자
유현목 감독님이 후배감독을 위해 불편한 몸을 이끌고 시상을 하셨다.

영화제에서 작은 입상이라도 해본 사람은 그 느낌을 알게 된다.
내 작품을 누군가가 인정해 준다는 사실에 대해서……

하지만 작은 수상은 다음 작품을 찍을 수 있는 원동력을 제공해주고
에너지와 열정을 제공해준다. 그리고 다음 스태프와 연기자를 구할 때
도 모든 것들이 좀 더 쉽게 이뤄질 수 있다.

물론 한두 작품을 제작해서 영화제에 바로 큰 상을 받기란 힘들다.

무엇보다도 가장 큰 장점은 누군가 내 작품을 인정해줬다는

'인정' 두 단어일 것이다.

그리고 '인정'에서 흘러나오는 작품에 대한 자신감과 열정일 것이다.

<영화이론>
앵글의 개념

1. 쇼트(shot)

영상의 기본단위 쇼트(shot). 쇼트란 카메라가 쉬지 않고 촬영된 연속된 하나의 장면을 말한다. 하나의 씬(scene)은 하나의 쇼트(one-scene cut)나 각기 다른 앵글과 거리에서 촬영된 연속된 쇼트로 구성된다. 쇼트를 시각화하기 위해서 구도와 촬영의 상세한 것까지 알 필요는 없지만 다음의 세 가지 점은 반드시 고려되어야 한다.

* 촬영의 범위가 포함되어야 한다.
 – 사이즈에 의한 쇼트의 종류: 롱 쇼트, 클로즈업 등
* 카메라 앵글을 표시해야 한다.
 – 관객이 피사체를 보는 위치, 즉 카메라의 위치를 표시해야 한다.
* 그 화면을 누가 보느냐의 시점을 구분해야 한다.
 – 객관적, 주관적

A. 익스트림 롱 쇼트(extreme long shot)

먼 거리에서 매우 넓은 지역이 보이는 파노라마 쇼트이다. 이 쇼트는 설정쇼트라고 하는데, 이는 관객에게 장소나 시간에 대한 판단의 기준을 설정해 주기 위하여 사용되기 때문이다. 익스트림 롱 쇼트는 서부영화에서 스펙터클한 광야에 서있는 말 탄 사람같이 지형이나 아름다운 경치를 설정하는데 사용된다.

B. 롱 쇼트(long shot)

롱 쇼트는 익스트림 롱 쇼트보다 파노라마의 느낌은 적지만 구체적이다. 시청자에게 쇼트 안에 있는 구체적인 인물을 알아보고 전체와의 관련성을 이해할 수 있게 한다. 씬 안의 사람, 장소, 사물들은 시청자가 전체적인 모습을 알아볼 수 있게 하기 위한 장치촬영이다.

C. 미디엄 쇼트(medium shot)

미디엄 쇼트는 인물의 무릎(knee shot)이나 허리(waist shot), 가슴 이상(bust shot)의 크기를 말한다. 인물의 몸짓, 표정, 움직임 등을 포착하기에 충분한 거리다. 인물의 행동이나 표정에 초점을 맞춘 것이지만 시청자에게 사건이 진행되는 장소를 상기시킬 만한 배경을 암시할 수 있다. 따라서 훌륭한 재 설정쇼트이다. 즉 클로즈업을 보여주다가 미디엄 쇼트로 돌아오면 시청자는 행동, 세트를 상기할 수 있기 때문이다.

D. 클로즈업(close-up)

클로즈업은 배경을 보여준다 해도 극히 일부를 보여줄 뿐이고 비교적 작은 피사체, 가령 사람의 얼굴 등을 포착합니다. 클로즈업은 피사체의 크기를 확대하므로 사물의 중요성을 강조하며, 종종 상징적인 의미 작용을 한다.

E. 익스트림 클로즈업(extreme close-up)

익스트림 클로즈업은 클로즈업의 변형으로 얼굴 대신에 한 사람의 눈이나 입만을 보여줄 수도 있다. 극대화된 이미지가 전혀 색다른 다른 물체처럼 보여지며 다른 화면과 디졸브되며 영화의 극적 효과를 더하기도 한다.

쥬세페 토르나토레 감독의 영화 〈말레나〉

나는 죽을힘을 다해 페달을 밟았다.

갈망, 순수……

그리고 그녀로부터 탈출이라도 하듯이.

– 영화 〈말레나〉 대사 중

: 05 :

화려한 컷들은
극의 흐름을 방해할 뿐이다

1. 둘이 대화를 나눈다면 바스트 투 샷으로 대화를 촬영하면 된다.

2. 항상 한 컷 마스터 샷으로 씬 상황을 최대한 이어간다.

3. 둘의 대화 중 정말 결정적인 내용이 있을 경우만 CU을 사용한다.

4. 오버 더 숄더 샷은 둘 사이에 감정선의 교류가 있을 때만 사용한다.

요즘 상업영화의 앵글은 점점 화려해지고 컷 수는 점점 늘어난다.

액션영화의 경우는 1~2초 정도의 컷으로 화면앵글을 이어가기도 한다.

이런 영화에 맞춰 현재 제작 중인 작품들을 보면 상업영화들의 컷 형태를 따라하는 것들이 많다.

중요한 것은 화려하고 다양한 컷들은 극의 흐름을 방해한다는 것이다.

앞에서 얘기했듯이 촬영보다는 연출력이 높아야지 영화제에 갈 수 있다고 설명했다. 화려한 컷과 다양한 컷 많은 컷들은 극중의 흐름과 연결을 끊어지게 한다.

사진(좌) 김기덕 감독 〈봄 여름 가을 겨울 그리고 봄〉
사진(우) 김기덕 감독 〈악어〉

김기덕 감독 영화 스타일을 보면 항상 마스터 컷을 가지고 흐름을 이어간다. 중요한 장면일 때만 CU(close-up)이나 인서트 컷을 사용한다. 김기덕 감독 작품에 대한 영화인들의 생각은 다양하다.

가끔은 난해하고 정말 무슨 생각을 하고 있는지 이해할 수도 없지만 중요한 것은 대단한 감독이라는 것이다. 한국에서는 인정받지 못하지만 해외 영화제에서는 인정을 받고 있다.

김기덕 감독을 높게 평가하는 가장 큰 이유는 가장 촬영 회차가 적고 낮은 제작비로 높은 완성도의 영화를 만든다는 것이다.

무엇보다 김기덕 감독 작품에서 눈에 들어오는 부분은 세트나 촬영기법이 아니라 시나리오의 창의성과 연출력이라는 것이다. 이 연출력이 인정받기 때문에 해외 영화제에서 수상을 계속하는 것이다. 만약 이 책을 읽는 당신이 감독을 꿈꾼다면 반드시 김기덕 감독의 영화를 연구해 보라고 말하고 싶다.

〈악어〉 김기덕 감독 데뷔작.
김기덕이 각본·미술·연출을 맡았다.

〈야생동물 보호구역〉 1997, 〈파란대문〉 1998, 〈섬〉 2000,
〈실제상황〉 2000, 〈수취인불명〉 2001, 〈나쁜 남자〉 2001
〈해안선〉 2002, 〈봄 여름 가을 겨울 그리고 봄〉 2003,
〈사마리아〉 2004, 〈빈집〉 2004, 〈활〉 2005, 〈시간〉 2006,
〈숨〉 2007, 〈아름답다〉 2007, 〈비몽〉 2008, 〈영화는 영화다〉 2008,
〈풍산개〉 2011, 〈아리랑〉 2011, 〈아멘〉 2011, 〈피에타〉 2012,
〈붉은 가족〉 2012, 〈배우는 배우다〉 2013, 〈신의선물〉 2013,
〈뫼비우스〉 2013, 〈일대일〉 2014

장면이 바뀔 때마다 사운드도 끊긴다?

역량이 부족한 상황에서 음향장비도 제대로 갖추지 않고 촬영을 하고 편집을 했으니 어쩌면 당연한 것일 수 있다. 이런 다양한 앵글은 오히려 관객에게 불편하기 짝이 없다.

홍상수 감독 같은 경우는 아예 롱테이크나 한 컷 안에서 인물들의 대사나 동선으로 이야기를 끌어간다. 딥 포커스 기법을 통해 앵글 안에 사람들을 배치시키고 카메라는 자연스럽게 멀리서 그들을 바라보듯이 촬영한다.

사진(좌) 영화 〈생활의 발견〉
사진(우) 영화 〈여자는 남자의 미래다〉

이런 스타일들의 촬영기법이 영화제나 영상제에 어울리는 컷들이다.

다음의 법칙을 항상 기억해야 된다.

1. 주인공 둘이 대화를 나눈다면 그냥 바스트 투 샷으로 대화를 이어
   가면 된다.

   하지만 요즘 학생들 작품은 풀 샷 찍고 투 샷 찍고 각각 CU(close-
up) 찍고 심심하면 오버 더 숄더 샷까지 나온다. 30초의 대화가 이어지
는 동안 컷이 5번 이상 바뀌는 경우가 많다.

(사진) 단편 〈뚜릉뚜릉〉

주인공이 멀리서 등장해서 자연스럽게 카메라 앞까지 다가와 대사를 마무리
한 후 프레임 아웃된다. 컷을 나누지 않고 주인공들의 동선을 이용해 연출했
다. 언덕 아래쪽에 위치한 카메라는 최대한 높여서 가까이 다가왔을 때 연기
자의 아이레벨이 맞게 고정했다.

2. 항상 한 컷 마스터 샷으로 찐 상황을 최대한 이어간다.

　　중요한 장면이 있거나 결정적인 순간에만 앵글을 바꿔주고 앵글 안에
인물의 동선(행동)이나 대사로 상황을 표현한다. 단편 〈사면초가〉 중간
후반부 1분 정도의 시간동안 롱테이크로 촬영했다. 극중 주인공들의 동
선과 대사 그리고 화면구도, 인물 배치가 감독의 연출력을 보여주는 부
분이며 극의 흐름의 중심을 잡아줄 수 있는 부분이다.

단편 〈초대〉 중후반 부분 주인공 라헬이 홀로 와인을 마시는 씬.

심도 있는 하이앵글과 인물의 동선으로 방 안에서 벌어지는 상황을 관객들이 시점 샷 느낌을 갖고 볼 수 있게 연출했다. 촬영 본은 4분정도 롱테이크였으나 후반작업에 분량을 줄이기 위해 중간에 디졸브를 한 번 주고 50초로 편집했다.

3. 둘의 대화 중 정말 결정적인 내용이 있을 경우만 CU을 사용한다.

결정적이라는 뜻은 감정이 변화가 있거나 사건에 핵심이 되는 부분이 있을 때이다. 최근 독립영화를 보면 초반부터 굳이 필요 없는 CU(close-up)으로 관객들에게 부담감을 주는 경우가 있다. 의미 없는 CU(close-up)은 절대 촬영해서는 안 된다. 후반작업에서 반드시 편집되어야 할 부분이다.

필요 없는 CU(clouse-up)은 관객에게 부담감과 긴장감만 떨어지게 한다.

(사진) 독립 장편 〈2005 지하철역〉
여주인공이 거울을 통해 자신을 바라보는 상대방 남자를 바라보는 장면.
남자의 웃음의 의미는 영화의 결정적인 반전의 이미지로 비춰진다.

(사진) 중편 〈초대〉
주인공 라헬이 카메라 시점으로 인터뷰를 하는 장면.
라헬의 대사를 통해 연출자가 관객에게 하고 싶은
자신의 작품의도를 대신 설명해준다.

'삶에 지쳐서 내가 이곳에 처음 왔을 땐 정말 모든 걸 포기한 순간이
었어! 나는 그냥 평범하게 살기 원했었는데 하지만 나와 같은 이들이 있
다는 걸 알았고 나도 그들과 다시 시작하고 싶어 세상 사람이 나를 버
리고 삶이 나를 힘들게 할지라도 이제 꿈을 버리지 않고 행복해질 수
있다는 작은 소망을 갖고 살아갈래.'

– 〈초대〉 엔딩 대사 중

4. 오버 더 숄더 샷은 둘 사이에 감정선의 교류가 있을 때만 사용한다.

두 인물 간의 사랑이나 다툼이나 이런 감정이 변하는 부분에 오버 더 숄더를 사용해야 한다. 또는 아래 사진과 같이 인물의 거리감과 심도 있는 상황을 표현할 때 오버 더 숄더의 응용은 매우 유용하다. 하지만 의미 없는 무분별한 오버 더 숄더는 관객에게 불편함만을 줄 뿐이다.

(사진) 단편 〈뚜릉뚜릉〉

두 형제가 의견 대립을 하고 있다. 이때 뒷모습으로 보이는 형의 의견으로 방향을 정하기 때문에 동생의 모습을 하이 오버 더 숄더 샷으로 약간 외소하고 작아보이게 촬영했다. 그리고 연못의 빛의 반사와 그림자를 통해 곧 기다리던 그녀가 나타날 것이라는 긴장감을 주고 있다.

오버 숄 더샷의 정의: 어떤 사람이나 사물을 또 다른 사람의 어깨 너머에서 찍은 장면을 말한다. 그 사람의 어깨와 머리가 화면의 일부를 가려 카메라가 비추고 있는 대상의 프레임 역할을 하게 되므로 구도의 깊이가 강조되는 효과가 있다. 이러한 숏은 두 캐릭터가 대화를 하고 있을 때 자주 사용되며 일반적으로 관객들에게 캐릭터의 배치를 알려주는 설정 숏 뒤에 따라오는 경우가 많다.

출처: 시사상식사전

(사진) 장면 〈2005 지하철역〉

에피소드1에서 역전승하는 여주인공. 성추행범을 제압하고 오히려 지갑을 터는 장면. 게임에서 진 변태남을 작고 낮게 표현하고 승리해서 지갑을 갖게 된 여주인공을 크고 당당하게 느껴지게 표현하기 위해 오버 숄 더샷을 사용했다.

〈영화이론〉
연출이란?

- 연출에 대한 사전적 정의

연극, 방송, 영화에서, 각본을 바탕으로 배우의 연기, 무대 장치, 의상, 조명, 분장 따위의 여러 부분을 종합적으로 지도하여 작품을 완성하는 일.

- 연출의 예술적 측면

사실을 있는 그래도 담아내는 경우조차도 연출이다. 방송 프로그램의 경우, 지금 거기에 존재하는 사실을 '어떻게 화면에 담아낼 것인가' 하는 선택의 문제가 남기 때문이다. 이 선택의 문제에서 연출자의 개성, 가치관 등이 드러나며 결과적으로 '사실에 대한 가공'이 이루어지며, 궁극적으로는 시청자의 반응을 유도해내게 되는 것이다.

- 연출은 커뮤니케이션이다.

누구와 하는가? 작가, 출연자, 기술, 미술의 수많은 분야의 스태프들과 함께 한다. 모두가 서로 다르고 자기 분야만큼은 서로 빼어났다는 사람들과 일차적으로 커뮤니케이션을 해야 한다. 그들의 서로 다른 전문성을 활용하고 깎고 보태며 융합시키는 역할이 연출자에게 주어진다.

즉, 연출은 출연자나 배우의 연기와 무대 장치·조명·음향 효과 등을 지도하고, 전체를 종합하여 하나의 작품이 되게 하는 일을 말하며 스태프들 사이에 어떤 커뮤니케이션이 이루어졌는가에 따라 결과물의 달라진다.

- 연출은 왜 하는가? 시청자(관객)에게 보여주기 위해서다. 혼자서 만족하기 위한 작품은 진정한 의미의 방송일 수 없다. 좁게는 대한민국, 넓게는 전 세계 현재의 시청자들과 커뮤니케이션을 하는 콘텐츠를 만들어내는 것이 연출이다.

- 연출의 핵심은 '콘티뉴이티(Continuity)'다.

콘티뉴이티(Continuity)란 자연스런 흐름이며 동시에 독특한 흐름이어야 한다. 보편적이고 상식적인 흐름이며 동시에 의외성의 흐름이어야 한다. 콘티를 작성한다는 것은 연출 기량의 입증이다. 상상력의 구체화이며 예술성의 구현이다. 콘티 작성에 가장 필요한 것은 카메라의 눈으로 사물을 바라보는 능력이다. 연출 지망생은 평소부터 이 훈련을 해야 할 것이다. 콘티를 짠다는 것은 이것을 옮기는 것이 된다. 시청자가 보고 싶은 것을 보게 해주는가 하면 시청자가 모르는 것 또는 생각지 않은 것을 보여 주기도 한다. 카메라의 눈으로 시청자의 눈과 가슴을 끌고 다니며 희로애락을 구사한다.

김기덕 감독의 〈봄 여름 가을 겨울 그리고 봄〉

속세가 그런 줄 몰랐더냐……

가진 것은 놓아야 할 때가 있느니라……

– 영화 〈봄 여름 가을 겨울 그리고 봄〉 대사 중

: 06 :

초단편, 단편, 중편, 장편
무엇을 찍을 것인가?

영화를 찍을 때는 어느 공모전에 준비할 것인가도 필요하지만,
작품을 각 공모전에 맞게 재편집하는 것도 아주 중요하다.

지리멸렬(1994년)
감독 봉준호(31분)

에피소드1 – 바퀴벌레
도색잡지를 즐겨보는 교수의 이
야기

에피소드2 – 골목 밖으로
아침운동을 하면서 남의 문 앞
에 놓여 있는 우유를 습관적으
로 훔쳐 먹는 신문사 논설위원

에피소드3 – 고통의 밤
만취해 길가에서 용변을 누려다
가 경비원에게 들키게 되는 엘
리트 검사

에필로그 – 이들 세 사람이 TV
프로그램에 출연해 사회문제에
관한 대담을 나눈다.

독립영화의 교과서와도 같은 작품이다. 영화아카데미 졸업 작품으로
제작된 이 영화를 통해 이미 감독의 연출력과 천재성이 드러났다고 해
도 과언이 아닐 것이다. 특히 첫 번째 에피소드는 인간의 본성과 그리고
사회적 지위에 대한 감독의 비판과 풍자가 영화의 코믹요소와 함께 잘
연출된 작품이다. 나는 지리멸렬을 처음 보았을 때 큰 충격을 받았었다.

세상에 이런 독립영화가 있다니……

감독은 작품을 찍기 전에 과연 내가 몇 분짜리를 연출할 것인가에 대한 고민을 해보아야 한다. 그 고민이 가장 중요할 것이다. 왜냐면 촬영 길이에 따라 시나리오의 기승전결이 달라지기 때문이다. 영화제마다 단편과 장편을 나누는 기준이 조금 다르고 UCC 공모전일 경우는 5분이나 10분 이하로 시간을 제한하는 경우도 있다. 초단편 영화제는 5분 이하로 시간을 제한하고 있다.

- 초단편영화: 5분 이하
- 단편영화: 3분 - 20분
- 중편영화: 20분 - 60분
- 장편영화: 60분 이상(영화제마다 조금씩 형식이 다름)

졸업 작품이나 학생들을 작품들을 보면 너무도 하고 싶은 얘기가 많아서 드라마를 찍듯이 극의 흐름을 이끌어간다. 단편이란 바로 사건이 전개되고 그 사건을 통해서 인물을 부각시켜야 한다. 하지만 중편 이상의 스타일로 인물 소개, 사건 소개, 사건의 발달 이렇게 진행되니 지루하기 짝이 없고 짧은 시간에 이러한 것들을 다 보여주려고 하니 긴장감이 떨어진다.

당신이 감독이다. 몇 분짜리를 찍을 것인가?

10분 이하 단편이라면 사건으로 흐름을 전개시켜야 되고 15분 이상이라면 인물 설명과 사건의 도입이 기승전결 형태로 들어가야 할 것이다. 중요한 것은 영화제나 공모전에서 작품의 길이는 그렇게 중요하지 않다는 것이다.

단편 〈사면초가〉 경우도 작품의 길이가 9분 30초이다. 엔딩 타이틀을 빼면 9분 정도이다. 이 짧은 영화가 문화부장관상과 각종 영화제에 초대될 수 있는 이유는 무엇일까? 이 책을 읽는 당신은 그 이유를 찾아서 파고들고 당신의 작품에 적용시켜야 할 것이다.

사진(좌) 아시아나 국제 단편영화제
사진(우) 서울 매트로 국제 지하철영화제 & 서울국제초단편영화제

요즘은 초단편영화가 대세라서 더 짧고 강한 이펙트를 중시한다. 집중할 수 있는 단편을 시대가 원하는 것이다. 이런 시점에서 '구구절절 설명을 하는 긴 단편을 찍을 필요가 있을까?'라는 질문은 감독 본인에게 직접 해봐야 될 것이다.

작품이 길어지면 그만큼 촬영시간도 늘어나고 촬영비도 늘어난다.

작품이 짧아지면 그만큼 집중해서 찍을 수 있다는 큰 장점이 있다. 모든 단편 촬영은 3박 4일 정도에 끝내야 한다. 물론 촬영 후 추가 촬영 잠깐 정도는 당연히 해야겠지만 4회차를 넘는 단편은 승부하기 힘들다.

내가 찍은 단편 〈뚜릉뚜릉〉 같은 경우는 16분이며 원작에 기승전결을 입힌 부분이다. 후반에 따로 설명하겠지만 영화의 앞부분 '기'에 해당하는 부분은 형과 동생의 간단한 에피소드를 넣으면서 인물의 성격을 보여준다. 이 인물의 특이한 성격을 보여주면서 영화가 시작하기 때문에 후반에 두 형제의 특이한 행동도 관객은 이해가 되는 것이다.

(사진) 단편영화 〈뚜릉뚜릉〉

총 4가지 에피소드로 구성돼 있는데 제1화 덤앤더머 부분은 특정 사건의 도입이 아니라 두 형제의 성격을 보여주는 데 사용되었다. 만약 이 작품도 10분 이하로 제작되었다면 이런 부분은 아예 편집되어야 할 부분이다.

〈사면초가〉 같은 경우는 연출자 김민용 감독과 계속 후반 작업에서 고민을 많이 했지만 지루하지 않고 어떻게 두 상황을 잘 보여줄 것인가를 위해서 화면 분할이나 인서트 화면 컷을 듀얼 장면으로 많이 보여준다. 이런 편집 기법 때문에 약간은 지루할 수 있는 부분들을 빠르게 진행시키면서 관객이 영화에 빠져들게 할 수 있다.

〈초대〉 같은 경우는 1시간 장편용으로 제작을 했었다가 편집과정에서 점점 줄여 21분 중편으로 만든 작품이다. 장편으로 보여주기엔 과정들이 너무 지루했고 주인공의 대사라든지 어색한 부분들은 과감히 편집하고 설명적인 부분들 또한 모두 편집했다.

〈2005 지하철역〉은 1, 2, 3 에피소드로 구성된 장편영화였고 원래 영화 이름은 〈아이〉였다. 하지만 에피소드3이 너무 촬영이 잘 안 되어서 통으로 들어내고 에피소드 1, 2와 후반 에필로그 추가촬영으로 40분으로 압축된다. 만약 이러한 상황들을 미리 예견하고 작업을 했다면 좀 더 빠르고 제작비도 충분히 줄일 수 있었을 것이다. 하지만 이것을 촬영 전에 예상하기란 쉽지 않다. 어쩌면 후반 작업에서 해야 될 일일 수도 있다.

후반 작업 시에 어떻게 편집해서 최대한의 효과를 볼 것인지를 고민해 보아야 한다. 별 내용도 없이 긴 중편이라면 과감히 편집해서 단편으로 출품해야 된다. 하지만 감독은 시나리오를 쓸 때부터 촬영할 때 그리고 편집하는 과정동안 이 작품이 몇 분짜리로 제작해서 어디에 메인으로 출품할 것인지에 대한 고민을 반드시 해야 한다.

최근 작품 중 짧지만 감동이 있는 단편영화를 뽑는다면 단연 김경래 감독의 〈김치〉를 볼 수 있을 것이다.

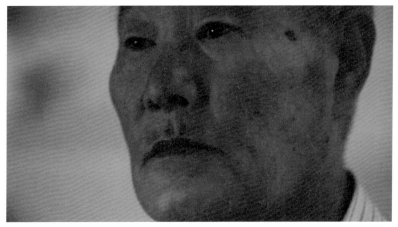

김경래 감독 단편영화 〈김치〉

영화는 아파트 건물 아래 허름한 집과 몇 안 되는 살림살이를 보여준다. 이 집에 사는 사람이 혼자 외로이 사는 독거노인이라는 것을 대사 없이 영상으로 표현한 것이다. 할아버지가 허름한 남방을 입고 거울 앞에서 두 줄 테이프를 붙이고 있다. 그리고 거울을 보며 일회용 카메라로 자신의 모습을 찍는다. 김치, 그 제목이 주는 심오한 의미는 무엇인지, 삶의 외로움에 앞서 죽음을 준비하는 한 노인의 삶은 어떤 것인지, 거울 속에 비쳐지는 미소로 모든 것을 압축해서 말해주고 있다.

2분이라는 짧은 시간동안 작품의 깊이를 보여준 작품이면서 인생의 무게를 생각해보게 하는 작품이다.

13.03.02

단편 영화
김치

기본정보 단편 영화 | 2분 | 2011년
감독 김경래

• **시놉시스**

도시 한복판에 있는 서울 판자촌.

홀로 외롭게 살아가는 김 노인은 자신의 죽음을 스스로 준비한다.

• **감독: 김경래**

• **촬영: 조경준**

• **출연: 김 노인 역 임지찬**

• **Director and the movie**

  10분 정도의 단편으로 구상하였던 시나리오의 한 씬을 29초 영화
제 예선출품용으로 각색했다고 합니다. 이 작품에서도 역시 대사와
설명을 최대한 아끼려고 하는 김경래 감독의 스타일이 잘 드러납니다.
29초지만 강렬한 메시지를 표현해내 가장 마음에 드는 작품입니다.

- **Pre-production**

처음 극중 배경은 판잣집이 아닌 아파트와 같은 현대식 건물이었고 주인공도 노인이 아닌 젊은 남자였습니다. 하지만 짧은 시간 안에 내용 이해를 시켜야 하고 강한 메시지를 전달해야 하는 초단편영화의 특성상 영화의 setting을 누구나 이해할 수 있는 설정으로 바꾸어야 했습니다. 때문에 촬영 일주일 전 장소는 판잣집으로, 주인공은 노인으로 바꾸어서 촬영 준비를 하였습니다.

단편영화 〈김치〉

거울 앞에서 영정사진을 위한 두 줄 테이프를 붙이고 있는 노인, 순간 우리는 '무엇을 하는 건가?'라는 의문이 들지만 곧 사진기를 꺼내 촬영을 하는 노인을 보면서 저것이 자신을 위한 영정사진이라는 것을 알게 된다.

'김치'라고 말하며 자신의 사진을 직접 촬영하는 모습에 관객은 많은 생각에 잠기게 된다. 흔히 사진 찍을 때 '김치'라고 외치던 장면이 이 할아버지에게는 마지막 사진이 될 수 있구나.

이 영화의 가장 큰 포인트는 현대사회의 화려함 속에 가려진 소외되고 고독한 삶을 살아가는 한 할아버지의 모습을 표현했다는 것이다.

단편영화 〈김치〉

감독은 대사나 사건으로 표현하지 않고 단 하나의 엔딩 컷으로 표현을 했다. 어두운 외등 아래 허름한 집 그리고 그 허름한 집 뒤에는 고층 아파트의 환한 빛이 대조적으로 비춰진다.

그리고 허름한 집 창문에서는 할아버지가 사진을 찍을 때마다 터지는 플래시가 번쩍이는데 어쩌면 대가족제도가 사라지고 독거노인들이 점점 늘어나는 한국사회의 모습이 아닐까?

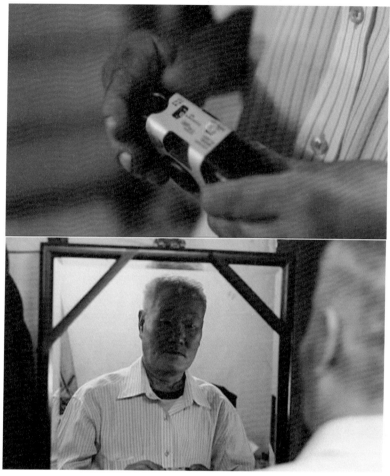

단편영화 〈김치〉

우리 아버지의 모습이고 미래의 내 모습 또한 아닐까? 조용히 자신의 죽음을 준비하는 할아버지의 모습을 '김치'라는 단어로 풍자한 이 영화는 정말 최고의 초단편 작품이 아닐 수 없다.

김치의 경우는 단편으로 구성되었다가 초단편영화에 맞추어 3분 이하 버전과 또한 29초 영화제에 맞추어 재편집되었다. 개인적으로는 29초보다는 2분 버전이 느낌이 더 있었다.

영화를 찍을 때는 어느 공모전에 준비할 것인가도 필요하지만……

자신이 촬영한 작품을 편집 후
각 공모전에 맞게 재편집하는 것도 아주 중요하다.

영화제의 성격이나 주제에 맞게 타이틀을 수정하거나 영화 상영시간 또한 영화제 포맷에 맞게 조금씩 수정해서 제출해야 한다. 또한 영화제가 지역영화제나 지역 UCC 공모전이라면 최소한 오프닝과 엔딩 정도는 그 영화제가 열리는 장소에서 촬영함이 좋다.

자막이 올라가는 부문에 경기도 수원 UCC 공모전인 경우 수원성이나 수원에 유명한 지역에 한 장면을 찍어서 타이틀을 올려도 좋고 중간 영상의 한 두 컷 정도는 그 지역의 장면을 넣어서 편집하는 것이 아주 중요하다.

이 정도 성의는 보여줘야지 공모전에 입상할 수 있는 것이지 대충 하나 찍어서 여러 개 복사해서 이곳저곳 공모전에 보내면 하나 수상할 것이라면 생각한다면 큰 오산이다.

검은 화면에 70년대 후반 애국조회 할 때의 음악(또는 국민체조 할 때의 음악) 흘러나온다. 곧 흰 글씨의 한문 타이틀 『支.離.滅.裂』이 페이드인 된다(관객의 50%, 무슨 글인지 순간적으로 읽지 못한다). 곧이어 한문 밑에 한글로 지, 리, 멸, 렬, 이 떠오른다. 잠시 후 페이드아웃. 곧이어 '제1화 바퀴벌레'라는 소제목 페이드인. 음악은 고상한 클래식으로 바뀌어 있다.

Episode 1
제1화 바퀴벌레

S#1. 캠퍼스 숲길(낮)

대학 캠퍼스의 조용하고 깨끗한 아스팔트 길. 주위는 온통 숲이 우거져 있다. (에피소드 1의 주인공인) 길 교수가 기분 좋은 표정으로 걸어가고 있다. 저편 멀리 자신의 교수실이 있는 인문관 건물을 바라보는 길 교수. 작은 몸집에 온화한 얼굴. 품위 있으면서도 세련된 양복을 입고 있다. 길 교수의 또각또각 구두소리가 숲속의 벌레소리, 새소리와 어우러져 상쾌하게 들린다. 저 앞쪽에서 걸어가는 여대생이 누군가 보니 과대표 김 양이다. 단정하면서도 아주 싱싱한 매력을 풍기는 외모이다. 김 양의 뒷모습을 바라보며 계속 걸어가는 길 교수. 김 양은 어깨 양끝에 살짝 걸쳐지는 상의를 입고 있다. 섹시하게 느껴진다는 듯 묘한 표정 짓는 길 교수. 길 교수의 상상장면 – 걸음을 재촉해서 몰래 김 양의 뒤쪽으로 다가가는 길 교수. 손에 닿을 만큼 바짝 다가간다. 양 손가락으로 김 양의 양쪽 어깨 끝을 '톡' 치자, 양 어깨 끝에 살짝 걸친 상의가 툭 떨어져 내린다. 깜짝 놀라는 김 양. 그 순간 커트되면, 처음처럼 멀찍이 떨어져서 걸어가고 있는 김 양과 길 교수. 인기척에 뒤 돌아본 김 양이 반갑게 인사를 한다.

"안녕하세요."
얼떨떨해 하면서도 반가운 표정으로 인사 받는 길 교수.

S#2. 길 교수의 방
인문관 6층에 있는 길 교수의 방. 갈색 톤의 책상과 책장, 꽉 들어찬 전공서적들, 전형적인 대학교수의 교수실 모습. 창가의 책상에서 뭔가 전공서적을 뒤척이고 있는 듯이 보이는 길 교수. 카메라 이동해 들어가면, 길 교수가 보고 있는 것이 도색잡지임이 보인다. 사진들 중에서도 특히나 세련된 것인지, 어느 한 페이지를 몹시 집중된 표정으로 감상하는 길 교수. 길 교수의 시점화면으로 그 누드사진이 보여진다. 이때 깜짝 놀라듯 시계를 쳐다보는 길 교수, 강의시간이 약간 지났음을 발견한다. 허겁지겁 교재들을 챙겨 교수실을 빠져나가는 길 선생.

S#3. 엘리베이터
6층에서 엘리베이터를 타고 내려가는 길 교수. 닫히는 문 너머로 이런 저런 교재들을 추스르는 길 교수의 모습이 보인다.

S#4. 강의실 – 계단 – 길 교수의 방

인문관 1층 작은 강의실. 열강하는 길 교수의 모습. 몹시 진지하게 보이며 학생들도 집중하고 있는 듯하다. 맨 앞줄에 과대표 김 양의 모습도 보인다.

길교수 강의: 오늘은 현대 사회 심리학에서 중요한 부분인 아도르노의 '권위주의적 성격', The Authoritarian Personality에 대해 공부해 보겠습니다. 이 이론은 아도르노가 反 유태인 감정의 근원을 조사하기 위해 행한 연구의 결과로서…… 모두 9가지의 심리적 특성으로 나누어지는 것입니다.

강의 도중 잠시 무엇인가 생각난 듯, 자신의 가방과 파일들을 뒤적거리는 길 교수. '아차' 하는 당황한 표정을 짓는다.

길 교수: 저 미안한데요, 여러분한테 나눠줄 복사물을 깜빡 놓고 왔네요. 내 방 책상 위에 있는데, 누가 좀 갖다줄래요?

역시 과대표 김 양이 즉시 나선다. 가벼운 미소를 짓는 길 교수.

길 교수: (나가는 김 양의 뒷모습을 바라보며) 육층 내 방 알죠? 방문

은 열려 있을 거예요…… (칠판으로 돌아서며) 자 그 첫 번째 특성 인습 주의……

다시 강의를 계속하려는 찰나, 갑자기 소스라치듯 놀라는 길 교수의 얼굴. (이때 순간적인 인서트 컷) - 길 교수의 방 책상 위에, 즉 김 양이 가지러간 복사물 바로 옆에, 그대로 펼쳐진 채 놔두고 온 도색잡지의 사진 - 전율과 경악에 뒤범벅되어 잠시간 움직이지도 못하는 길 교수.

길 교수: (강의실 밖으로 뛰쳐나가며) 아, 여러분 5분간 휴식입니다!

학생들의 어리둥절한 표정. 김 양을 붙잡기 위해 뛰어가는 길 교수. 엘리베이터에 올라타는 사람들 사이로 김 양의 모습이 보인다. 길 교수, 김 양의 이름을 부르지만 이미 엘리베이터는 6층으로 출발해버린다. (여기서부터 엘리베이터 속의 김 양과, 계단을 뛰어 올라가는 길 교수의 교차편집) 엘리베이터엔 다른 학생들도 꽤 있어서 층마다 멈추며 사람이 내린다. 그러나 계단의 길 교수, 체력의 한계인지 쉽게 따라잡지 못한다. 6층에 도착한 엘리베이터. 김 양이 걸어 나와 길 교수의 방으로 걸어간다. 카메라 팬(또는 이동)하면 옆 계단에서 헐떡이며 뛰어올라온 길 교수의 모습이 보인다. 길 교수, 김 양이 시야에 들어왔으나, 벌써 김 양은 자신의 교수실 문짝 바로 앞까지 걸어가 있다.

길 교수: 김 양! 잠깐만. (김 양이 뒤돌아보자) 아, 미안해요 김 양. 내가 방문 잠가놓고 온 걸 깜빡 잊고 말이지…… 열쇠가……

일단 김 양을 세워놓고, 여유 있는 척 걸어가는 길 교수. 주머니에서 방 열쇠를 찾는 척 뒤적거린다.

과대표 김 양: (슥 하고 방문 손잡이를 돌려보며) 열려 있는데요……

사뿐히 방안으로 들어가는 김 양. 다시 경악하는 표정의 길 교수, 번개같이 대쉬한다. 방문에 들어서자마자 문 옆 선반의 널찍한 백과사전을 집어던지는 길 교수. 공중으로 날아가는 백과사전, (고속촬영) 앞서 가는 김 양의 어깨 옆을 지나, 포물선을 그리며 길 교수 책상 위에 정확히 떨어진다. 도색잡지를 절묘하게 덮어 가리는 백과사전.

과대표 김 양: 어머, 교수님. 뭐 하시는 거예요?

길 교수: 아…… 바퀴벌레가 책상 위에……

과대표 김 양: 어머 세상에 별 일두……

별 일도 다 있다는 표정의 김 양, 참 재미있는 분이라는 듯한 표정을 지으며 복사물을 가지고 밖으로 나간다. 길 교수, 안도의 한숨을 내쉬며 창문을 연다. 창밖을 보며 땀을 닦는 여유로운 길 교수의 모습이 건물 밖에서 잡은 익스트림 롱샷으로 보여진다.
페이드아웃.

검은 화면에 에피소드2의 타이틀이 뜬다. 에피소드2의 전체 분위기를 나타내는 듯, 잔잔하고 서정적인 느낌까지 주는 클래식 기타가 조용히 흘러나온다. 자막 페이드아웃 되면 아름다운 주택가 골목.

에필로그(Epilogue)

불 꺼진 방, 한 남자가 TV를 보고 있다. 광고 후 바로 시사토론회가 진행되고 사회의 각계 인사들이 한 명씩 보이기 시작한다. 출연자들은 어쩐지 낯이 익은 사람들이다. 바로 에피소드 1, 2, 3에 나왔던 남자들이다. 사회학과 교수인 길 교수와 조선일보의 논설위원이었던 조깅을 하던 남자 그리고 한밤중에 노상방변(?)을 할 뻔하다 아파트 경비원에게 호된 꾸지람을 들었던 검사가 토론회의 참석자로 나온다. 이들은 사회악과 범죄에 관련된 토론을 하며 저마다 자신의 평소 행동과는 맞지 않는 말들을 연거푸 해댄다. 이들의 얼굴이 방송되는 TV 주변으로 각각의 사람들이 보여진다. 과대표인 김 양과 아파트 경비원 그리고 신문팔이 소년이다. 마지막 길가의 멀티비전을 통한 검사의 얼굴이 크게 보인다.

- THE END -

TIP) 봉준호 감독의 〈지리멸렬〉을 시나리오와 함께 보면서 어떻게 원 시나리오가 영화로 표현되었는지 비교해봐야 한다.

에피소드 2화, 3화는 넣지 않았다.
1화와 에필로그만 심도 있게 본다면 충분할 것이라 생각이 들어서이다.

: 07 :

단편영화에선 **연기자 섭외**가
작품의 승패를 좌우한다

연기력인가?

비주얼인가?

선택은 감독 본인이 하는 것이다.

데이지(2006) 숨겨진 사랑
감독 유의강
주연 정우성, 전지현, 이성재

"미안합니다. 처음엔 그냥 사랑스런 한 여자를 돕고 싶은 마음에서 그랬습니다. 하지만 그 다리를 만들고 난 후. 당신은 나에게 그림을 주었고 난 당신에게 데이지 꽃을 배달했어요. 내가 놓아준 다리는 그와 당신을 연결해주는 다리가 되었죠."

— 정우성 대사 중

한국영화 중에서 내가 가장 좋아하는 작품이다. 마음이 울적할 때면 이 영화를 보며 사색한다. 한중 합작과 네덜란드 로케이션, 유위강 감독의 뮤직비디오 스타일의 촬영, 그리고 화려한 캐스팅, 2006년도 기대작이었던 영화였다. 하지만 이 영화는 생각보다 큰 성과를 거두지 못한다.

흥행에 법칙은 여러 가지가 있겠지만 가장 주된 원인은 캐스팅이었다. 이 영화는 해영역(전지현)을 두고 정우역(이성재)와 박의역(정우성)과의 삼각구도를 중심으로 그려진 작품이다. 하지만 정우역(이성재)와 박의역(정우성)이 삼각구도를 그려 내기엔 나이 차이도 캐릭터 차이도 너무 컸다.

특히 정우역(이성재)와 해영역(전지현)은 삼촌과 딸 느낌이지 연인 느낌이 절대 나지 않는다. 개인적인 생각으로는 만약 정우역을 이성재씨 대신 이정재씨를 출연시켰다면 영화의 느낌은 정말 달라졌을 것이다.

영화 〈데이지〉는 박의역(정우성)의 액션 연기와 감성이 너무도 아까운 작품이다. 영화를 수십 번을 보았지만 박의역(정우성) 테마 부분만을 본다. 해영역(전지현)과 정우역(이성재) 테마 부분은 아쉬움이 남기 때문이다.

요즘 상업영화도 캐스팅을 정말 중요시한다. 10년 전에만 해도 캐스팅보다 시나리오와 투자자를 찾는 것이 먼저였는데 이제는 캐스팅이 누가 되었느냐에 따라 투자자가 달라지고 투자금이 달라진다. 캐스팅을 하지 못하면 투자를 받지 못하는 영화 시대가 열린 것이다.

박의는 보트하우스에서 삽니다. 보트하우스는 그 어느 곳에서 머무르지 못하며 유영하는 모습이 외로운 박의의 영혼과 닮았다는 생각이 들었습니다. 보트하우스에 사는 박의를 촬영하기 위해 유위강 감독님은 배 난간 끝에서 아슬아슬 카메라를 잡았습니다. 카메라가 놓인 곳이 어디든 유위강 감독님의 탁월한 촬영 감각은 정말 대단했습니다.

– 출처 영화 〈데이지〉 미니홈피

감독, 시나리오, 연기자 이 삼박자가 잘 맞기는 쉽지 않다. 좋은 연기자를 만나는 감독만큼 좋은 것은 없다. 독립영화 그리고 단편일 경우 예산도 적고 연기료를 충분히 지급할 수 없기 때문에 좋은 연기자를 만나는 것은 더욱 어렵다.

단편영화 제작 시 연기자 섭외방법

1) 주변에 끼 있는 친구를 섭외한다.
2) 연기과 학생을 소개를 받는다.
3) 필름 메이커스에서 추천을 받는다.

요즘 비주얼이 좋은 연기과 학생들은 소속사가 있거나 활동을 준비 중인 경우가 많다. 그렇기에 단편에 출연을 하지 않으려고 한다. 그리고 감독에 대한 신뢰도가 없으니 대학원 졸업 작품 정도 급이 되지 않은 작품은 연기자들이 출연을 꺼린다고 할 수 있다. 하지만 내가 분명히 말할 수 있는 건 우리가 독립영화에 쓸 수 있는 연기자는 아직 연기 트레이닝 중인 사람들이다. 아직 연기에 깊은 미학이 없기 때문에 작품에 연기를 녹아들게 하긴 어렵다.

오히려 그 사람의 본연의 색깔을 작품에 맞추어 촬영하는 것이 맞다. 그러기 위해선 시나리오 수정도 촬영 때마다 계속해야 될 것이며 연기자가 어떤 색깔을 가지고 있는지 촬영 중에라도 빨리 판단하는 것이 매우 중요하다.

1. 가능하다면 프로 연기자나 영화의 무게를 잡아줄 수 있는 나이 있
   는 연기자를 섭외하라.

　독립 장편에서 프로 연기자를 전부 다 섭외할 수 없지만 한두 배역 정
도 작품에 무게를 잡아줄 수 있는 실력 있는 연기자의 캐스팅이 더욱
매우 중요했다. 특히 〈2005 지하철역〉의 변태 역은 연기도 어려운 부분
이었고 영화 초반 섹션이라 더욱 무게감을 실어줄 연기자가 필요했다.

〈2005 지하철역〉에서 1편 역전승 부분에서는 프로 연기자 공정환 씨가 출연
을 했다. (사진) 장편 〈2005 지하철역〉 역전승 부분 지하철 변태남 역할을 연
기하고 있는 공정환 씨. 영화 도입부분 변태모습을 보이기 전 외국어를 유창
히 따라하는 훈남 모습을 연기하고 있다.

〈2005 지하철역〉 연기하기 힘든 변태 역할에 프로 연기자가 출연함으로써 그 무게감이 더해졌다. 당시 공정환 씨는 가수 출신 연기자로 당시 CF에서 이름 있는 모델이었고 영화 연기를 천천히 준비하고 있었다. 당시 독립영화에 출연료도 없이 무료로 출연해주시던 훌륭한 연기자이다.

〈2005 지하철역〉 훈남에서 변태로 돌변한 공정환 씨.

요즘 상업영화에서 얼굴을 볼 때마다 '이 분의 그 열정이 이제 영화계로 접어들게 했구나'라는 생각이 든다. 시간이 꽤 지났지만 감사의 뜻을 전해본다. 영화의 큰 비중이 없더라도 무게를 잡아줄 수 있는 나이든 연기자의 섭외는 정말 중요하다. 학생들 작품이나 독립 단편을 보면 가게 사장님인데 20대 후반의 젊은 학생들이 양복을 입고 연기를 한다든지 어머니라고 보기엔 너무도 젊은 여자 분이 연기를 하는 경우가 많다. 이런 큰 비중이 없는 부분에서는 반드시 그 나이에 맞는 연기자가 필요하다. 그래야 작품의 무게를 잡아줄 수 있다.

2. 학교 연극영화과에 연기전공 학생들을 찾아보라.

중편 〈초대〉에서 이성영 연기자와의 만남은 나에겐 축복이라고 할 수 있다. 서울예술대학교 영화과에 찾아가 연기전공 학생들을 추천받았다. 학과 조교는 여유 있게 추천을 받는 게 좋을 것이라고 했다. 그 이유에 대해 궁금했지만 5명의 추천자 중 연락이 되는 사람은 이성영 씨 한 분밖에 안 되는 걸 알고 그 이유를 깨달았다.

사진(좌) 중편 〈초대〉 리허설에 참가한 성영 씨
사진(우) 촬영의상 대한항공 승무원 유니폼을 입어보는 성영 씨

강남교보에서 미팅을 했고 시나리오를 미리 메일로 보내 읽고 오라고 얘기를 했다. 그리고 간단히 연출의도와 시놉시스 촬영일정에 대해서 말해주었다. 당시 성영 씨는 '따스한 작품이라 꼭 하고 싶다'고 말했다.

'예산이 많지 않아 출연료를 많이 줄 수 없다. 하지만 연기자로 연기를 하는 게 아니라 이번 작품을 같이 하는 제작의 의미로 함께 했으면 좋겠다' 라고 얘기를 했다. 시나리오를 보면서 수정하고 싶은 부분이나 그리고 촬영 중에 더 연기하고 싶은 부분이 있으면 꼭 말해달라고 말했다.

〈초대〉가 아니라 〈2006 이성영의 초대〉라고 쓰여 있다. 물론 최종본엔 〈초대〉라고 편집을 끝냈지만 제작과정 동안에는 열심을 다해주는 연기자의 이름을 붙여 〈이성영의 초대〉라고 영화 제목을 붙였다.

3. 연기자를 함께 작품을 하는 협동 제작자로 대하라.

중요한 포인트는 독립영화에 연기자를 연기자로 뽑는 것이 아니라 함께 작품을 공동 연출자로 생각한다면 연기자는 제작자의 마인드로 작품을 위해서 혼신을 다할 것이다.

성영 씨는 자신이 촬영 전 헤어와 메이크업을 본인 비용을 들여 직접하고 왔다. 그리고 항상 촬영장에 올 때 배고픈 스태프들을 위해서 간식을 사왔다. 그런 작품에 대한 열정과 정성이 있었기에 열악한 환경에서 좋은 작품이 나오지 않았을까?

4. 감독이 연기자를 택할 때는 비주얼과 연기력 중 하나를 선택해야 한다.

　물론 여기서 비주얼이란 '잘생겼다', '이쁘다' 의미가 아닌 '작품의 색깔과 이미지가 맞느냐?'라는 의미가 들어있다. 예쁘고 연기 잘하는 친구가 독립 단편에 출연할 확률은 0%이다. 그 정도 레벨의 친구는 이미 데뷔를 했거나 소속사에서 열심히 트레이닝을 받고 있을 것이다. 그렇다면 감독은 무엇을 택할 것인가?

연기력인가? 비주얼인가??

선택은 감독 본인이 하는 것이다.

영화제에 함께 참석한 성영 씨와 스태프들.
나는 영화제 시상식에 꼭 같이 참석하겠다는 약속을 지켰다.

　〈초대〉에서는 비주얼을 보고 '성영'씨를 선택했다. 작품 자체가 이미지를 더 필요시했고 대사나 액션의 비중이 적었기 때문이다.

물론 내가 200% 만족할 만큼 열심히 해주었고 대사 부분의 아쉬운 부분들은 편집과정에서 전부 제거했다.

〈초대〉 편집에 관한 이야기는 후반에 편집에서 다시 말할 것이다.

5. 우리 주변에 잠재돼 있는 끼 있는 연기자를 캐스팅해라.

〈2005 지하철역〉에서 변태 교수 역은 평소 알고 지내던 김구일 사진작가님을 캐스팅했다. 평소에 영화에 관심이 많았고 농담처럼 한 번 꼭 출연하고 싶다고 했었는데 그가 평소에 갖고 있던 그 꿈을 실현시켜 주었다.

우리 주변에 보면 끼가 있는 친구들이 꽤 많다. 그리고 한 번쯤 영화에 출연해 보고 싶은 친구들도 많다. 물론 그들은 큰 역할보다는 자신이 소화할 수 있는 부분의 역할을 맡기 원한다. 이렇기에 감독은 자신의 주변 사람들에게 귀를 기울일 필요가 있다.

지하철역에서 섹션1 주연 섹시걸역을 연기를 해주었던 조윤지양

지하철역에서 섹션2 주연 소매치기역을 해주었던 문현미양

지하철역에서 섹션2 주연이였던 양준호군

지하철역에서 주연 상인역을 소화해 주었던 이창수군

〈뚜룽뚜룽〉 같은 경우, 형 역할은 평소 캐릭터가 특이한 대학후배를 캐스팅했고 동생 역엔 평소에 연기 연습을 꾸준히 하면서 드라마 동시 녹음을 하고 있던 제작 스태프를 캐스팅했다.

원 시나리오는 형보다는 동생 역이 극중 이야기를 이끌어가는 메인인데 막상 촬영에 들어가니 형 역을 맡은 후배의 캐릭터가 너무 강했다. 그리고 시나리오 대사에 자기만의 특별한 제스처와 애드리브를 하는 것이다.

어떻게 보면 후배의 캐릭터와 시나리오상의 형 역이 너무도 잘 맞아 떨어진 경우다. 그래서 촬영 현장에서 계속 시나리오를 수정하면서 최대한 자연스러운 애드리브

와 연기자의 끼를 살려주기 위해 노력하며 촬영했다.

항상 마지막 테이크는 시나리오 상관하지 말고 하고 싶은 대로 연기해보라고 기회를 주었다. 정말 캐스팅이 잘된 경우다. 동생역은 너무 형에 비해 이미지가 약해 왼쪽에 밴드를 붙여서 이미지를 강화시켰다.

6. 촬영 스태프들을 최대한 활용해라.

No, I don't have any... / Please, a little...

단편 〈사면초가〉 좌측이 현재 FIlm N 감독으로 활동하는 이우범 감독.
당시 언론정보학과 4학년 재학시절 모습이다.

단편 〈사면초가〉에서는 모든 연기자들이 전부 스태프로 활용되었다. 심지어는 메인 주인공도 스태프 출신이다. 이들은 영화과 학생들도 아니고 연기에 대해 한 번도 배워보지 못한 언론정보학과 학생들이다. 어쩌면 일반인을 연기자로 출연 시킴으로써 어설픈 연기와 자연스러움이 일상을 살아가는 우리 소시민들의 삶과 잘 맞아 떨어졌고 작품을 더욱 빛나게 했을 것이다.

단편 〈사면초가〉 사진 속 출연진 전부 언론정보학과 4학년 학생들이다.

연기자 섭외는 단편에서 정말 중요하다.

섭외의 성공여부가 작품의 완성도와 연결되기도 한다.

하지만 시나리오와 촬영에는 공을 들이지만 연기자 섭외에 큰 공을 들이는 감독은 많이 보지 못했다. 아무 생각 없이 섭외를 하면 영화는 아무 생각 없이 나온다는 점 분명히 기억해야 할 것이다.

리볼버

매그넘 357. 리볼버는 현장에 탄피를 남기지 않는다.

할로포인트. 탄두 역시 탄도를 거의 남기지 않는다.

킬러에게 흔적을 남기는 일은 곧 죽음을 의미하기 때문이다.

– 영화 〈데이지〉 대사 중

: 08 :

단편영화의 **기승전결**의 **흐름**은
어떻게 해야 되나?

창작만큼 큰 고통도 없다.
하지만 창작만큼 큰 즐거움도 없을 것이다.
아무런 아이디어도 없이 시나리오를 쓰는 것은
표지판 없는 갈림길에 서 있는 것과 같다.
좋은 아이디어와 내가 무엇을 표현하고 싶은지를 고민해봐야 한다.

로마 위드 러브(2012)
감독 우디 앨런
주연 알렉 볼드윈(존), 엘렌 페이지(모니카), 제시 아이젠버그(잭)

트레비 분수를 지나 나보나 광장을 거쳐 토핑 가득한 인생을 만난다!

〈로마 위드 러브〉를 연출한 우디 앨런은 세상에서 가장 행복한 감독이다. 유럽을 여행 다니며 영화를 찍겠다는 그의 소원이 조금씩 이뤄지고 있고 지난 〈미드나잇 인 파리〉에서 감독으로서의 최고의 연출력을 평가 받고 그 다음 로마에서 촬영된 작품이다.

이번 작품은 코믹요소를 많이 포함시켰고 무엇보다 감독 자신이 작품에 출연해서 '죽기 전까지 영화를 찍겠다'는 자신의 신념을 표출하였다.

〈로마 위드 러브〉(2012)

내가 존경하는 영화감독이자 시나리오 작가 우디 앨런(1995년 미국 뉴욕 출신)은 시나리오마다 항상 도전과 스토리가 새롭다. 그리고 늙지 않는 그의 열정은 정말 존경스럽다. 1935년 출생, 올해 80세 나이로 연기까지 욕심낸 감독의 작가주의에 경의를 표하고 싶을 정도이다.

그의 작품이 대단한 것은 4가지의 단편 에피소드를 아무런 연관 없이 교차편집만으로 늘어놓았다는 것이다. 우리는 스토리가 각각 다른 4개의 단편영화를 보고 있을 뿐인 것이다.

단지 로마에서 일어나고 있는 일. 이런 도전정신과 감독의 작가주의 정신은 저예산으로 제작되었지만 좋은 작품을 만들어낸 연출력의 승리라고밖에 말할 수 없다.

로마 위드 러브 Story

[Memory] 로마에서 되살아난 추억

로마에서 휴가의 마지막 일정을 보내던 건축가 '존'(알렉 볼드윈).

그는 우연히 자신의 젊은 시절을 꼭 빼닮은 건축학도 '잭'(제시 아이젠 버그)을 만나게 되고, 순수하면서도 열정적인 삼각관계 속으로 빠져든다.

[Fame] 눈 떠보니 스타?

지극히 평범한 로마 시민 '레오폴도'(로베르토 베니니)는 어느 날 눈 떠보니 스타가 되어 있다. 속옷 색깔부터 케첩 묻은 양복 패션까지, 그의 일거수일투족이 주목 받으며 조금은 피곤한 스타의 삶이 펼쳐지는 데……

[Scandal] 처음 본 여자와 하룻밤

갓 결혼한 신혼부부 '밀리'와 '안토니오'는 로마 생활에 대한 부푼 가슴을 안고 정착을 준비한다. 하지만 '밀리'가 없는 사이 갑작스레 나타난 콜걸 '안나'(페넬로페 크루즈)로 인해 '안토니오'는 자신도 모르는 본능에 눈 뜨게 되고……

[Dream] 꿈은 이루어진다!

은퇴한 오페라 감독 '제리'('우디 앨런'). 그의 딸 '헤일리'는 여행 중 만난 '미켈란젤로'와 결혼을 앞두고 있다. 딸의 약혼자를 만나기 위해 로마에 온 그는 평생을 장의사로 살아온 '미켈란젤로'의 아버지에게서 엄청난 재능을 발견하는데……

시나리오는 감독이 직접 써야 되나?

이렇게 묻는다면 나는 당연히 yes라고 답할 것이다. 당연히 감독이 직접 써야 한다. 하지만 혼자서 많은 것을 감당하려고 하면 안 된다. 좋은 아이디어가 있거나 좋은 초본 대본이 있으면 그 대본을 가지고 각색을 할 것이고, 자신이 쓴 시나리오가 있다면 좋은 각색 작가를 통해서 후반 수정작업을 같이 할 수도 있을 것이다.

하지만 중요한 것은 감독이 이 작품을 통해 진정 표현하고자 하는 연출의도를 분명히 작가에게 전달하고 영상으로 표현해야 할 것이다.

2003년 6월 30일 강원도 철원에서 군 생활을 마치고 전역했다. 그때 내 손에 있는 건 군 생활 동안 준비했던 장편 시나리오였다. 바로 20대 중후반의 나의 미션은 이 장편을 완성하는 것이었다. 막상 장편을 준비에 들어가면서 나는 겁이 났다. 왜냐하면 예산도 부족했지만 3년간의 군 생활 동안 영화 작업을 쉬었는데 '과연 내가 장편을 연출할 수 있을까?' 라는 불안감 때문이었다.

창작만큼 큰 고통도 없다. 하지만 창작만큼 큰 즐거움도 없을 것이다. 아무런 아이디어도 없이 시나리오를 쓰는 것은 표지판 없는 갈림길에 서 있는 것과 같다. 좋은 아이디어와 내가 무엇을 표현하고 싶은지를 고민해봐야 한다.

장편은 단편과 다르게 호흡이 중요하다. 그래서 나는 단편을 하나 찍고 장편을 들어가기로 결정했다. 6월 30일에 제대를 해서 단편영화를 크랭크인하는 데까지 걸린 시간은 1달이 안 된다. 7월 21일 날부터 나는 단편 〈뚜릉뚜릉〉 4회차 촬영을 7월 24일까지 하게 된다.

40일 기간 동안 어떻게 시나리오를 준비하고 촬영을 준비했을까?
지금 생각해보아도 대단한 거 같다.
당시 내가 생각했던 단편 시나리오의 콘셉트는 이렇다.

콘셉트!

1. 단편을 찍는다.
2. 재미있어야 한다.
3. 무쏘스포츠를 이용해 달리는 효과를 낼 수 있는 역동적 씬을 넣는다.
4. 지하철 씬은 무조건 하나 넣는다.
5. 밤 씬은 최소화한다.

3번과 4번 같은 경우는 준비하던 장편영화의 콘셉트에 맞추어 미리 촬영 연습을 해보고 싶었기 때문이다. 장편에서도 자동차를 이용한 달리는 씬이 있었고 지하철 씬이 많았기 때문에 미리 테스트를 해보고 싶었다.

당시 시나리오 카페와 단편 소설 커뮤니티 등에 가입해서 많은 단편 스토리들을 읽었다. 그 중에 아마추어가 쓴 A4지 한 장의 시놉시스를 발견했다. 아마추어 이창현 작가의 '난 달린다'라는 시놉이었다.

원작의 내용은 두 형제가 공원에 운동하러 갔다가 예쁜 여대생이 뛰는 모습을 보고 반해서 달려가 말은 건다는 내용이었다. 그리고 셋이 함께 저녁노을을 향해 뛰어간다는 결말이었다. 나는 이 원작에서 '3명의 주인공 캐릭터(형, 동생, 여대생)'와 '공원에서 운동하다 말을 걸려고 한다(사건)' 이 2가지를 가져와서 각색을 하게 된다. 또한 원작자와 연락해서 각색 허가를 받았고, 소정의 원고료 또한 지불했다.

시나리오 책들을 많이 권하지는 않지만 플롯에 관한 시나리오 책은 정말 권해보고 싶다. 각색할 때 '어떻게 하면 사건을 좀 더 깊이 있고 재미있게 표현할 수 있을까?'라는 답이 플롯 책에 있다. 여기서 사건은 두 형제가 여대생에게 말을 거는 것이다. 이 부분을 두 형제들의 실패로 만들어 재미와 갈등을 더해야겠다고 생각했다.

언제가 읽은 플롯 책에서 '주인공은 3번 만에 성공한다.' 라는 부분이 떠올랐다. 이 형제들도 2번 실패하고 3번째 성공하는 내용으로 전개하기로 결정했다. 하지만 성공을 하면 뭐하나? 이때 성공이란 부분을 색다르게 표현해보고 싶었다. 이렇게 각색된 시나리오가 '두 형제'였고 편집과정에서 〈뚜릉뚜룽〉으로 바뀌게 되었다.

탈출 이외의 다른 길은 없게 하라.
주인공이 잡혀가야 이야기가 시작된다.
탈출을 시도하지만 번번이 실패한다.
두 번 실패한 후 탈출에 성공한다.
– 로널드 B. 토비아스, 『인간의 마음을 사로잡는 스무 가지 플롯』, 163p

시놉시스

그들이 달리는 이유는?

〈뚜룽뚜룽〉은 21세기를 살고 있는 두 형제의 일상에서 일탈된 모습을 재미있게 다룬 작품입니다. 지하철에서 낯선 여자와 자리싸움을 재치 있게 하는 모습과 공원에서 한 어여쁜 아가씨를 보고 아무 이유 없이 쫓아가는 그들의 모습은 일상을 살아가는 현대인들의 국한된 모습에 새로움을 부여합니다. 작품시간 16분 20초 총4부로 단편영화에서 볼 수 없는 재미를 부여해 보았습니다.

1부 덤앤더머(두 형제의 소개)

2부 그녀를 만나다(운동을 하러 나간 두 형제 앞에 그녀)

3부 컨디션(그녀에게 다가가기 위한 두 형제의 컨디션 신경전)

4부 가위 VS 축구공(과연 누가 그녀에게 이길 것인가?)

연출의도

최초 짧은 쇼트로 기획했던 작품이 각색과 촬영준비를 통해 구성이 단단해진 작품입니다. 특히 두 형제의 한 여자를 쫓아가는 추격 장면은 아직 단편영화에서 시도하지 못한 차량에서 직접 뛰는 모습을 현실감 있게 촬영을 해보았습니다. 흔히 일반 대중은 단편영화하면 지루함, 생소함이란 단어를 떠올리는데 본 〈뚜룽뚜룽〉은 단편영화에서 느끼기 힘든 대중성, 재미를 더한 작품입니다.

우리는 왜 독립영화를 하는가? 흔히 독립영화라 함은 일반인이 느끼기에 어렵고 난해한 영화로 인식되어 있습니다. 우리 독립 영화인들이 영화를 어둡고 이해하기 힘들게 만들기 때문에 더더욱 우리 작품들이 고립되는 것이 아닌가? 생각을 하고 만든 작품입니다.

작품은 16분 20초로 기존 독립 영화적 분위기를 완전 탈피해 우리 일상에서 정말 재미있게 일어날 수 있는 일들을 영화적 장치를 이용해서 표현해 보았습니다. 특히 단편에서 아직 시도하지 못한 추격 씬을 롱테이크로 현실감 있게 촬영해 보았습니다. 앞으로 많은 독립영화인들이 좀 더 편하고 쉽게 영화를 만들어주길 바라면서……

위의 연출의도와 시놉시스는 영화제에 출품할 때 썼던 내용이다. 출품 시 연출의도와 시놉시스를 작성하는 것도 큰 요령이 있다. 이 부분은 후반부에 다시 다루도록 하자.

나는 기승전결로 이번 이야기를 만들어 보기로 했다.

1. 사건의 발생(여대생을 발견), 말을 걸지만 실패
2. 말을 걸려고 길목을 막아보지만 또 실패
3. 고민하는 형제
4. 새로운 아이디어로 도전하는 형제
5. 결국 말을 걸지만 변태로 몰리는 반전

사건의 발단부터 결말까지 나왔지만 아마 이렇게만 찍었다면 이 작품은 크게 영화제에 갈 수 없었을 것이다. 나는 단순한 사건에서 앞에 인트로와 엔딩 에필로그를 추가했다. 뭐든지 인물의 특이한 행동을 사건에서 보여줄 때는 저 친구가 왜 저런 행동을 하게 되었는지 과거의 모습이나 성격부여가 필요하다.

원빈이 출연한 〈아저씨〉에서 보면 단순히 여자아이에게 집착하는 원빈의 모습에서 과거 자신의 임신한 아내가 처참히 죽는 장면이 비춰진다. 그렇기 때문에 원빈의 행동은 타당성을 인정받고 관객이 보았을 때 당연시될 수 있는 것이다.

〈뚜룽뚜룽〉에서는 앞에 인트로에 작은 에피소드 2가지를 간단히 넣어서 지하철에서 가방을 던져 자리를 차지하는 형의 특이한 성격과 사진을 찍어달라고 부탁한 커플의 사진기를 가지고 도망가는 동생의 특이한 성격 또한 보여준다. 관객은 이 2가지 작은 사건의 시작으로 두 명의 주인공이 특이한 사람이라는 것을 인식할 것이다.

제1화 덤앤더머(3분40초)

- 두 형제의 소개
- 두 형제의 성격부여 에피소드
- 동생 동수의 카메라를 훔치는 장면(달리는 거 하나는 자신 있다.)

- 형 동현의 지하철 씬
- 깔끔한 정장에 어울리지 않는 가방
- 지하철을 기다리며 무협 소설을 읽고 있다.
- 이때 빈자리가 생기는데 앞에 서있던 여자가 앉으려고 한다.
- 지하철 빈자리를 먼저 차지하기 위해서 멀리서 가방을 던짐

  (내 사전에 양보란 없다.)

지하철 씬을 처음 찍으면서 느낀 점은 스태프나 연기자로 한 쪽 객석을 채우지 않는 이상 컷이 바뀔 때마다 뒤에 배경인 승객이 계속 바뀐다는 사실이다.

또한 시끄럽고 승객이 너무 많으면 복잡하고 반대로 너무 적으면 텅 빈 느낌이어서 지하철 안에서 연출이 상당히 어렵다는 것을 깨달았다. 이런 경험이 후에 장편 지하철 씬을 찍을 때 큰 도움이 되었다.

제2화 그녀와의 만남(2분 37초)

- 특이한 성격의 두 사람이 형제라는 것을 설명해 주고 관객들은 무슨 일이 벌어질 것인가라는 기대감을 갖게 된다,

- 사건의 시작

  예쁜 여대생 발견

- 여대생에게 말을 먼저 걸기 위한 두 형제의 경쟁이 시작된다.

- 헌팅장소는 서울 보라매공원

  (주위 사람들 통제, 차량에서 안정감 있게 찍을 수 있는 지형 문제)

- 장소를 변경(수원대학교 캠퍼스)

  1. 공원 느낌

  2. 도로가 잘 되어 있음

  3. 방학이라 인적이 없음

제3화 컨디션?(4분 56초)

- 그녀에게 다가가기 위한 형제의 컨디션 신경전은 시작되고

- 7월 20일 여름 한복 더위의 시작될 때이다. 이때 낮에 뛰는 장면을 촬영한다는 것이 쉬운 일은 아니었다. 최대한 더운 시간을 피해서 오후 3시부터 해가 지기 전 6시까지 촬영을 했는데 시간이 부족하고 연기자들의 체력 또한 버티기 힘들었다.

- 두 형제는 길목 하나를 밧줄로 묶어 막고 나머지 두 곳은 자신들이 지키면 충분히 말을 걸 수 있을 거라 믿는다.

- 사건의 2차 발단으로 관객들은 엄한 행동을 하는 두 형제의 모습을 보며 웃기면서도 한편으로 측은한 느낌을 받는다. 그리고 다음 사건을 기대할 것이다.

제4화 가위 VS 축구공(5분 48초)

- 작전 회의에 들어간 형제 극단의 행동으로 아이디어를 만들어낸다.

– 미션 오마주와 함께 장엄하게 등장하지만 여대생은 나타나지 않고
두 형제는 지루한 듯 공원에 누워서 '왜 우리가 여기에 있어야 하는
거지?'라는 질문을 던져본다.

그리고 답한다.

"우리 일상으로 돌아가자"라고……

– 소소한 인생을 살면서 우린 항상 일탈을 꿈꾸지만 반대로 평범한
일상의 모습을 그리워 하기도 한다.

– 그런 항상 원하면서도 원하지 않는 삶을 사는 게 우리 인생이고 저
두 형제도 마찬가지 아닐까?

– 여자 연기자 같은 경우는 전문 연기 전공자도 아니고 진짜 뛰기만 하면 된다고 말하고 섭외한 일반인이다. 저 분만큼 뛰는 사람은 정말 없었던 거 같다. 일반 연기자를 섭외했으면 아마 찍지도 못했을 것이다.

– 이 작품의 가장 촬영 포인트가 마지막 이 부분이다. 한 컷으로 계속 뛰고 있는 여대생과 두 형제의 모습을 연속해서 보여준다. 기존 독립영화에서는 카니발이나 봉고차를 이용해서 뛰는 앞모습 정도만을 표현했다. 항상 무엇을 할 때는 남들이 하지 않은 것을 가장 먼저 해야 한다.

당시에는 저런 장면 촬영이 아예 없었기에 촬영에 대한 얘기를 많이 들었다. 일반 트럭에서 찍었다면 트럭 진동으로 카메라가 많이 흔들렸겠지만 안정적인 무쏘스포츠 뒤 화물칸에서 여러 각도로 촬영을 진행했기 때문에 흔들림이 없었다.

– 엔딩 에필로그

엔딩 에필로그는 항상 중요하다. 작가가 말하고자 하는 부분을 강조하고 작가의 의도를 더할 수 있다.

〈뚜룽뚜룽〉도 이 부분이 빠졌다면 아마 많이 심심하고 결론이 없는 듯한 느낌이 들었을 것이다. 다음날 다시 등장하는 주인공

– 작가주의에서 중요시하는 부분 중 하나가 인간의 삶에 대한 연속성이고 인간의 본질적인 부분이다. 사건이 있었지만 변하지 않고 그 여대생을 기다리는 두 형제의 모습에 사람들은 많은 생각이 잠긴다. 그리고 변태 형제 조심은 작품을 좀 더 코믹하게 마무리질 수 있게 해준다.

– 총 스태프 감독을 포함 총 5명

그리고 메인 연기자 3명, 40만 원의 저예산 제작비와 짧은 준비기간 4회차 촬영. 최소의 것으로 최대의 효과를 발휘한 작품이다.

"한 번도 실패하지 않았다는 것 새로운 일을 전혀 시도하고 있지 않다는 신호다." 〈로마 위드 러브〉 제작현장에서 우디 앨런 감독 모습.

그의 명언은 도전과 실패를 두려워하는 청년들에게 귀감이 되고 있다. 글에 집중하지 못할 땐 이 방에서 저 방으로 옮겨 창의적 사고를 이어가며 하루에도 기분전환을 위해 샤워를 여러 번 한다고 한다.

이런 노년의 감독도 지필을 위해 이렇게 노력하는 지금, 당신은 무엇을 하고 있는가? 하루에 한 시간이라도 지필을 위한 시간을 가지고 있는가? 번뜩이는 아이디어가 생각날 때 바로 메모할 수 있는 나만의 노트를 가지고 있는가?

인간의 미묘한 감정은 작은 호기심에서 시작된다.

– 영화 〈로마 위드 러브〉 대사 중

: 09 :

심사위원들이 중요시하는 건
where? 가 아니라 **how?** 라는 것!

로케이션의 가장 중요한 포인트는 편안함이다.

오우삼 감독 〈마이 블루베리 나이츠〉(2007)

영화 〈마이 블루베리 나이츠〉가 대단한 것은 3가지 에피소드로 엮어 장편을 만들었다는 것이다. 또한 첫 에피소드는 주드 로가 일하고 있는 카페 한곳에서 모든 것을 끝낸다. 한 장소에서 특별한 사건도 인물도 없이 대사와 감정곡선만으로 이끌어 연출하는 것이 정말 감독의 역량이 아닐까? 팝가수 노라 존슨이 연기를 해서 유명해지기도 했지만 그녀가 촬영을 마치고 영화에 대한 그 감정을 그대로 담아 OST를 녹음했다고 한다.

이별, 새로운 만남 그리고 시간 이 모든 것을 삶에 인생의 한 부분일까? 한정된 장소와 한정된 인원 정말 단편같이 촬영된 작품이다.

단편에서 배역 다음으로 중요한 것이 바로 로케이션이다. 단편에서는 여러 장소의 이동보다는 한 장소에서 사건이 벌어지는 이야기가 가장 좋다.

중편 〈초대〉 같은 경우도 위의 테마와 비슷하다. 주인공이 자살하는 집이라는 곳을 향해서 걸어가고 그 집에서 모든 일들이 벌어진다. 그리고 마지막에 그 집을 나오면서 영화는 끝난다.

1. 촬영 도입에서 주인공이 메인 장소를 향해 가면서 인물을 소개한다.

2. 주인공이 메인 장소에 들어가면서 사건을 발전시킨다.

3. 주인공이 메인 장소를 나오면서 결말과 반전을 보여준다.

장소 이동이 많아지면 집중도가 떨어지고 관객의 시선이 분산되기 때문이다. 단편 같은 쇼트 영화는 스토리를 가지고 펼치기보단 한 장소나 작은 에피소드를 가지고 찍는 것이 좋기 때문에 장편처럼 여러 로케이션이 필요 없다.

주드 로와 팝스타 노라 존슨이 출연한 이 영화는 남녀 간의 사랑과 우정 그리고 가족 간의 사랑 등, 사랑이라는 여러 메시지를 3가지 섹션으로 나누어서 촬영한다. 영화 시작부터 20분 넘게 주드 로가 운영하는 카페에서 영화는 계속 진행된다. 장편임에도 한 장소에서 이렇게 오랜 이야기를 끌고 가는 영화도 드물 것이다. 하지만 지루하지 않다. 점점 그 이야기에 빠져들게 된다.

오우삼 감독 〈마이 블루베리 나이츠〉

후배들이나 제자들이 작품 찍은 것을 코칭할 때 딱 그냥 보기만 해도 저 장소가 연출자의 집인지 잠시 아는 집 대여해서 찍은 것인지 티가 난다. 연출자가 자기 집에서 촬영을 할 때는 배우들도 뭔가 편안하고 여유 있는 그림들이 비춰지며 작은 가구나 소품들을 옮기면서 촬영한 노력의 흔적 또한 볼 수 있다. 그런 흔적이 다 미장센으로 표현된다.

로케이션의 가장 중요한 포인트는 편안함이다.

하지만 다른 아파트나 집을 섭외해서 잠깐 촬영할 때는 소품이나 가구를 옮기기도 힘들고 연기자들 또한 뭔가 불편한 느낌의 모습을 볼 수 있다. 자신의 집에서 찍을 때는 홈그라운드라는 이점이 있기 때문이다.

〈초대〉 감독의 집에서 촬영한 작품

그 편안함이 눈에 직접 보이지 않지만 작품 속에서 관객이 느낄 수 있기 때문이다. 학생들 졸업 작품을 촬영할 때 보면 굳이 학교에서 찍어도 되는 부분을 외부에 나가서 찍는 경우가 있다.

왜 학교에서 안 찍고 힘들게 로케이션을 하니?
물으면 다들 하는 말이 똑같다!

〈초대〉는 세트를 제작했어야 되는 작품이다. 하지만 제작비 여건상 세트를 할 수는 없었다. 마침 이사를 해야 되는 상황이고 그래서 나는 〈초대〉를 찍을 수 있는 집을 모색해서 그 집으로 이사를 했다. 그리고 집을 〈초대〉 분위기에 맞게 꾸몄다.

학교 식상하잖아요. 학생들이 학교에서 찍은 거 딱 보면 알잖아요.

정말 우물 안 개구리라는 표현이 적절하다. 물론 졸업 작품이니깐 학교에서 상영을 하겠지만 작품을 졸작에서 끝나는 것이 아니라 멀리 보고 영화제나 공모전에 출품용으로 만들면 어떨까?

과연 영화제에 참석한 관객이나 심사위원들이 이 부분이 어디 학교에서 찍은 지 알 수 있을까?

정작 심사위원들이 중요시 하는 건 where? 가 아니라 how? 라는 겟!

단편 〈사면초가〉 연출. 김민용 감독의 집주변인 목동 반경에서 모든 촬영이 이루어졌다. 한적한 골목길 로케이션으로 주변에 노는 아이들을 카메오로 출연시켰다. 제작시 로케이션 비용을 다른 부분에 투자를 한다면 좀 더 작품의 완성도를 높일 수 있을 것이다. 나는 학교에서 많은 작품을 찍으라고 말한다. 학교는 촬영하기도 쉽고 장소도 용의하고 대학생의 이야기를 펼치기 좋다. 또한 지방캠퍼스 같은 곳은 건물이 웅장하고 녹지가 잘 되어 있어서 벤처 같은 회사 씬이나 공원 같은 씬을 찍는데도 좋다.

보라매공원에서 로케이션 돼있던 촬영 씬을 학교 캠퍼스에서 촬영한 단편 〈뚜룽뚜룽〉. 방학 때 조용한 캠퍼스는 정말 촬영하기 좋은 우리만의 공간이었다.

중요한 것은 시나리오를 쓸 때부터 내가 아는 장소들을 최대한 활용해보는 것이 좋다. 아니면 매번 똑같은 장소에서 시작해보는 것도 자기만의 작품 색깔을 입힐 수 있는 테마가 될 수도 있을 것이다. 장편 〈2005 지하철역〉은 에피소드1은 7호선 논현역을 거점으로 촬영되었다.

어쩌면 감독이 사는 주변에서 영화를 찍는다는 자체가 하나의 오마주이자 추억 그리고 나만의 색깔로 표현될 수 있다.

　당시 반지하 작업실 겸 자취방이었던 건물 안쪽에서 촬영한 장면. 건물주에게 간단히 허락을 받았기 때문에 약간 연출하기 힘든 씬이었지만 편안히 찍을 수 있었다. 제작비가 200만 원인데 세트 비용으로 100만 원 이상을 쓴다면 나머지 100만 원으로 충분한 제작비가 될 수 있을까? 세트 비용은 제작비의 1/3을 넘으면 안 된다.

무리한 세트가 독이 될 뿐이다.

　최대한 자신의 작품에 맞는 장소를 찾아야 되고 안 된다면 시나리오를 좀 수정하더라도 그 장소에 맞게 각색해야 될 것이다.

'바다' 한씬을 위해 촬영팀을 데리고 동해 로케이션을 한 단편 〈쿠바〉

시나리오는 '바다'이지만 제작비 여건상 한강에서 촬영한 중편 〈She..〉

감독은 자신의 제작비를 냉철하게 판단하고
과연 어디 부분에 힘을 주어야 하는지를 고민해 보아야 한다.

　만약 바다 장면 로케이션이 필요하다면 굳이 모든 스태프와 연기자를
동원시키지 말고 촬영감독과 감독 그리고 최소 주인공 연기자만 데리고
가서 바다 장면을 연출하고 나머지 부분은 비용이 많이 들지 않는 곳에
서 촬영을 진행해도 무방하다.

　먼 로케이션 장소까지 스태프와 연기자를 이동해서 숙식까지 하려면
부대비용이 만만치 않다. 정말 중요한 씬이 아니라면 가까운 로케이션
장소를 찾아야 할 것이다.

심사위원 점수표에도 보면 기획력, 창의력, 연출력 부분들이 주 포인트
지 로케이션이란 부분에 점수가 있는 공모전이나 영화제는 없다.

〈영화이론〉
– 미장센

'장면화'라는 뜻의 불어에서 유래된 용어. 본래는 '장면의 무대화'라는 연극용어이던 것이 전후의 프랑스 평론가들이 비평용어로써, 그리고 새 물결의 감독들이 영화 미학적으로 실천함으로써 일반화되었다. 특히 〈까이에 뒤 씨네마〉지의 트뤼포와 바쟁에 의해 몽타주 이론에 반하는 미학적 개념으로 개진된 후, 영화의 공간적 측면과 이에 따른 리얼리즘의 미학으로 정착되었다.

몽타주가 한 화면과 다음 화면 간의 병치에 따르는 관련성, 즉 추상적 개념을 중시하는데 반해 미장센은 한 화면의 내부에 동시다발적인 많은 영상정보를 보유함으로써 수동적인 인상을 느끼게 하는 몽타주에 비해 능동적이며 선택적인 관객의 태도를 요구하게 된다. 따라서 미장센은 화면의 길이가 긴 장시간 촬영이나 원사가 우선되고 한 쇼트가 한 씬이나 시퀀스의 구실을 하게 되며, 이에 따라 연속적이며 유동적인 카메라 움직임이 수반된다. 또한 이처럼 화면 내의 리얼리즘이 중시됨에 따라 화면의 층위가 두터워지면서 전심초점을 선호하게 되고 이들 제요소를 박진감 있게 느끼도록 하기 위해 기존의 조형적 요소가 중요하게 취급된다.

오늘날 미장센의 일반적 특성을 규정하는 데에는 카메라 전방에 있는 모든 영화적 요소인 연기, 분장, 무대장치, 의상, 조명 등을 장면화하여 타당성 있는 미학적 결과를 낳았는가 하는 점을 검토하게 되는 바, 이는 곧, '화면 내의 모든 것이 연기한다'는 관점을 뜻한다.

여기로 돌아오는 데 1년 가까이 걸렸다.

길을 건너는 건 그리 어려울 게 없었다.

건너편에서 누가 기다려 주느냐에 달렸을 뿐.

– 영화 〈마이 블루베리 나이츠〉 대사 중

: 10 :

당신이 좋아하는 작품이나 감독의
오마주를 해라

오마주는 패러디와 다르다.
무조건 따라하는 것이 아니라 존경의 의미가 있어야 한다.
이건 오마주다. 직접 표현해야 된다.

오마주?

프랑스어로 존경, 경의를 뜻하는 말이다. 영화에서는 보통 후배 영화인이 선배 영화인의 기술적 재능이나 그 업적에 대한 공덕을 칭찬하여 기리면서 감명 깊은 주요 대사나 장면을 본떠 표현하는 행위를 가리킨다. 영상예술에서 어떤 작품의 장면을 차용함으로써 그 감독에 대한 존경의 표시를 나타내는 것이다. 영향을 받은 영화의 특정 장면을 자신의 영화에 응용하거나 존경하는 감독의 영화 장면을 자신의 영화 속에 삽입하여 존경을 표하기도 하며, 특정한 감독의 스타일에 대한 오마주도 있다.

영화에서 오마주는 필수이다. 물론 영화제 심사를 할 때 오마주가 들어간 작품은 연출력 점수를 더 높게 준다. 하지만. 단순히 그 이유가 아닌 작품을 찍는 연출자로서 자신의 존경하는 감독이나 사모하는 작품하나 정도는 당연히 있어야 한다고 생각한다.

연출력을 볼 때에는 감독이 방향이 있고 스타일이 있는지를 매우 중요하게 본다. 감독의 역사를 말해주는 것이 바로 오마주이다. 감독이 어떤 영화를 통해 이 자리까지 오게 되었고 어떤 감독의 영향을 받아 현재 이런 색깔을 가지게 되었는지. 과거와 현재, 미래를 오마주를 통해 알 수 있다.

물론 '오마주' 하면 히치콕부터 쿠엔틴 타란티노 감독을 빼놓을 수 없지만 나는 이 책에서 좀 더 쉽게 독립영화, 단편영화에서 오마주 할 수 있는 방법을 설명하겠다.

로맨틱 홀리데이 (2006.12.13. 개봉)
장르: 로맨스 코미디 감독: 낸시 마이어스
출연: 카메론 디아즈, 케이트 윈슬렛, 주드 로, 잭 블랙

　L.A에서 잘 나가는 영화예고편 제작회사 사장인 아만다(카메론 디아즈)는 아름다운 외모에 넘쳐나는 돈, 화려한 인맥 등 누가 봐도 성공한 여자다. 부족할 것 없는 그녀에게도 골칫거리가 있었는데 그건 바로 맘처럼 되지 않는 연애 문제. 같은 회사에 근무하던 남자친구는 회사의 어린 직원과 바람이 나고, 그녀는 이 모든 상황이 끔찍하기만 하다.

　영국 전원의 예쁜 오두막집에 살면서 인기 웨딩 칼럼을 연재하는 아이리스(케이트 윈슬렛). 그녀는 순수하고 착한 심성을 지닌 아름다운 여인이지만, 그녀의 남자친구는 그녀와 만인이 지켜보는 가운데 다른 여자와의 약혼을 발표한다. 마음에 크나큰 상처를 받은 그녀는 자신의 삶에도 변화가 필요하다는 생각을 하게 되는데……

이 영화가 훌륭한 것은 특별한 사건을 중심으로 기승전결을 이끌어가는 것이 아니라 사랑이란 작은 감정들을 가지고 영화를 이끌고 간다는 것이다. 물론 남자 연출자라면 그런 섬세한 감정을 표현한다는 것이 불가능했을 것이다. 하지만 여성 감독인 낸시 마이어스였기에 가능했다.

1. 오마주는 간접 표현이 아니라 직접 표현이다.

오마주를 얘기하는데 왜 갑자기 장편 〈로맨틱 홀리데이〉가 나오고 낸시 마이어스 감독이 나오는지 의아할 것이다. 이 작품에선 어떤 오마주를 했는지 살펴보자.

영화 〈로맨틱 홀리데이〉에서 중후반부에 DVD숍에 들어가는 두 주인공이 보인다. 이 장소에서 남자 주인공은 많은 영화들을 설명한다. 그리고 마지막에 영화 〈미션〉을 보면서 말한다.

"죽기 전에 꼭 보세요, 제 삶을 변화시켰던 음악이에요."

감독은 작품에 대한 오마주와 함께 특히 미션 영화음악 감독인 '엔니오 모리꼬네'에 대한 존경을 표현하고 있다. 물론 작품 중간에 시네마천국 테마곡도 편곡해서 넣기도 했지만 영화 DVD를 들고 주인공들이 하는 대사를 통해 감독은 본인이 관객에게 하고 싶은 말을 하고 있는 것이다.

흔히 감독들이 실수하는 것들이 독립영화나 단편영화에서 오마주를 간접 표현하는 경우가 있다. 저것이 오마주인지 패러디인지 헷갈리거나 오마주인지조차 알 수 없이 넘어가는 경우도 있다.

오마주는 패러디와 다르다. 무조건 따라하는 것이 아니라 존경의 의미가 있어야 한다. 이것이 오마주다. 직접 표현해야 된다.

미션(1986.12.24. 개봉)
장르: 드라마
감독: 롤랑조페
음악: 엔니오 모리꼬네
출연: 로버트 드니로, 제레미 아이언스
수상: 제39회 칸영화제 황금종려상
　　　제59회 미국 아카데미 시상식
　　　촬영상
　　　제44회 골든글로브 시상식 각
　　　본, 음악상

이 영화는 1750년 아르헨티나, 파라과이와 브라질 국경 지역에서 일어난 실화이다.

교황님의 영토 끝에서 발생한 문제는 해결됐습니다. 인디언들은 다시 스페인과 포르투갈인의 노예가 될 겁니다. 시작이 맘에 안 드는군, 다시 고치게. 교황님, 1758년, 지금 저는 남미 대륙에서 편지를 쓰고 있습니다. 여긴 남미 라플라타의 앙상센이란 마을인데, 산 미겔 선교회에서 도보로 2주 걸립니다. 이 선교회는 개척민들로부터 인디언을 보호하려 했으나, 오히려 반감을 사고 있습니다. 이곳 인디언들은 음악적 재능이 풍부하여, 로마에서 연주되는 바이올린도 그들이 만든 것이 많습니다. 이곳으로 파견된 예수교 신부들은 인디언들에게 복음을 전하려 했지만, 오히려 순교를 당하게 됐습니다. 「영화 〈미션〉 오프닝 대사 중」

1750년, 스페인과 포르투갈은 남미 오지에 있는 그들의 영토 경계 문제로 합의를 보았다. 그 곳에서 선교활동을 하던 제수이트 신부들은 과라니족을 감화시켜 근대적인 마을로 발전시키고 교회를 세우는데 성공한다. 신부들 중에 악랄한 노예상이었던 멘도자(Mendoza: 로버트 드니로 분)는 가브리엘 신부(Gabriel: 제레미 아이언스 분)의 권유로 신부가 되어 헌신적으로 개화에 힘쓰고 있었다. 새로운 영토 분계선에 따라 과라니족의 마을은 무신론의 포르투갈 식민지로 편입되고, 불응하는 과라니족과 일부 신부들을 설득하려는 추기경이 파견되지만 결과는 포르투갈 군대와 맞서 싸운 과라니족의 전멸로 끝난다.

그리하여…… 신부들은 죽고, 저만 살아남았습니다. 하지만 실제로 죽은 건 나고, 산 자는 그들입니다. 그것은 언제나 그렇듯 죽은 자의 정신은 산 자의 기억 속에 남아있기 때문입니다. 「영화 〈미션〉 엔딩 대사 중」

감독은 영화의 한 시대에 역사를 다루고 있다. 과연 인간의 욕심과 종교적 승화가 어떻게 어울려 진행되어 왔으며 현재 우리가 어떻게 살고 있는가에 대한 질문을 던지는 작품이기도 하다. 특히 '당신은 무엇을 보았습니까?'라는 질문은 우리의 삶이 과연 무엇을 향해 나아가고 있는지 삶에 대한 나의 '미션'은 무엇인지 고민하게 된다.

지금 글을 쓰고 있는 본인은 고3시절 영화 〈미션〉을 보고 전공은 이과에서 문과로 전향하고 신문방송학과에 입학을 하게 된다. 원래 나의 꿈은 이과를 졸업해 건축학도가 되는 것이었다. 하지만 이 영화를 통해 나는 삶에 대한 소명을 깨닫게 되었고 '죽기 전에 한 편의 아름다운 영화를 통해 삶에 지친 세상 사람들에게 꿈과 희망을 주어야 겠다'라는 목표를 설정하게 된다.

아마 이 책을 쓰게 된 이유도 지금은 작품 활동을 직접 하기보다 영화를 가르치는 교수로서 또는 멘토로서 나의 후배들이 좋은 작품들을 많이 만들어서 삶에 지친 세상 사람들에게 꿈과 희망을 전해주기를 바라는 마음이다.

자, 서론 이야기가 길어졌다.

내 작품에 보면 영화 〈미션〉에 대한 오마주가 특히 많다. 단편 〈뚜릉뚜릉〉 같은 경우는 작품 중후반에 두 형제가 용감히 등장하는 장면에서 미션의 앞부분 주인공이 폭포에 올라가기 전에 등장하는 폭포 아래 씬의 장면을 똑같이 묘사했다. 그리고 영화음악도 미션 메인테마인 '오보에'를 삽입하여 이 장면이 미션의 오마주인 것을 확실히 표현했다.

2. 극중 작품의 한 패턴을 그대로 오마주 하기.

만약 코믹 장르인 단편 〈뚜룽뚜룽〉에서 영화음악 사용 없이 이 장면만을 연출하고 약간 신나는 음악을 깔았다면 오마주라는 느낌보다는 패러디라는 느낌이 강했을 것이다.

하지만 갑자기 진지해진 두 주인공의 표정과 미션 테마곡 '오보에', 그리고 언덕 밑에서부터 올라오는 두 주인공의 장면은 영화제에서 심사위원들이 영화 〈미션〉의 오마주라는 것을 깨달을 수 있었을 것이다. 또한 내가 영화 〈미션〉의 고귀한 작품을 오마주를 했다는 그 하나만으로도 기쁘고 감동이다.

존경의 느낌이 없는 오마주는 관객에게
패러디로 느껴질 뿐이다.

(사진) 남자의 자격 '넬라판타지아' 합창 중

'넬라판타지아'는 남자의 자격을 통해서 한국에서 유명해진 곡이다. 원래 이 노래를 부른 사람은 미국의 팝가수 '사라브라이트만'으로 영화 〈미션〉의 메인곡인 '오보에'를 듣고 큰 감동 받았다고 한다. 음악감독인 '엔니오 모리꼬네'를 찾아가 자신이 이 곡에 가사를 붙여 부르게 해달라고 해서 탄생한 곡이 바로 '넬라판타지아'이다.

(사진) 팝가수 '사라브라이트만'의 공연 모습

3. 영화장면 그대로 삽입하기.

　　〈초대〉에서는 영화 미션을 직접 오마주를 했다. 주인공이 미션영화를 보는 장면이다. 미션을 보면서 주인공의 감정곡선이 바뀌는 부분이다. 무표정하던 얼굴에서 뜨겁게 눈물 흘리는 장면으로 바뀐다. 주인공이 삶에 많은 고민과 갈등 속에 자살하기 위해 10가지 미션을 수행하면서 삶에 대한 작은 희망의 불씨가 시작되는 장면이다. 자세히 보면 주인공 뒤편에 미션 포스터가 걸려있는 것도 볼 수 있다.

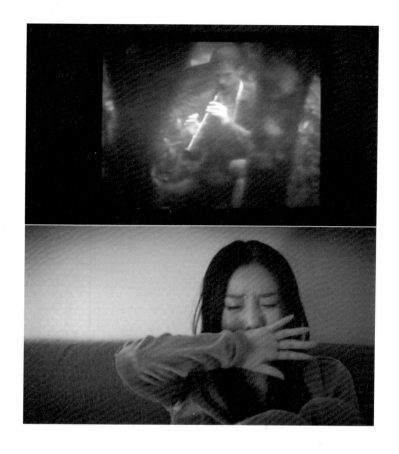

　내 인생에 큰 변화를 주었고 〈초대〉라는 독립영화 속에서 삶에 지친 주인공 라헬에게도 변화를 주기 원했다. 또한 이 작품을 보는 모든 관객들 삶에 희망의 메시지와 각자의 인생에 미션은 무엇인지 한 번 생각하는 시간을 주었으면 하는 연출의도가 있는 것이다. 〈초대〉에서 오마주가 중요했던 이유는 주인공 라헬의 감정선이 미션을 보면서 변하기 때문이다. 그리고 감정선의 변화는 주인공에게 삶의 변화를 안겨줄 수 있기 때문이다.

〈영화이론〉

– 기록영화(documentary film)

현실에 대한 허구적 시각이 아닌, 사실을 있는 그대로 담는 영화의 총칭. 이러한 영화는 실제 사람들, 장소, 사건, 행위 등과 관련되지만, 형식이나 형태의 선택 또한 중요시된다. 제작자가 명백한 영화적 테크닉을 사용하거나, 예정된 신과 이야기 흐름을 통해 어떤 주제를 묘사하는 기록영화의 경우에도 그것의 궁극적인 목표는 관객으로 하여금 사실에 대한 느낌과 올바른 이해를 하도록 하는 것이다. 어떤 경우에는 제작자가 현실에 대한 느낌과 올바른 이해를 하도록 하는 것이다. 어떤 경우에는 제작자가 현실에 대한 특정 시각을 관객으로 하여금 유도하기도 하는데, 1930년대 로렌츠(Pare Lorentz)의 뉴딜(new-deal) 영화가 그 전형적인 예이다. 그러나 이런 류의 영화가 왜곡된 현실을 주입시킬 목적으로 제작되는 경우에는 선동 영화가 된다. 또 다른 목적의 기록 영화로는 사회적 상황이나 정부시책을 대중에게 보여주거나 교육시키는 목적의 기록영화가 있는데, 예를 들어 1930년대의 영국의 그리어슨(John Grierson) 그룹의 작품들이 이에 해당한다.

– 감정이입(empathy)

자기의 감정을 대상 안에 이입하여 그 대상과 자기가 융합하는 사실을 인식 가능하게 하는 특수 작용. 미적 태도에만 나타나는 것은 아니지만 미의식에서는 완전하고도 순수하게 나타난다. 감정 이입설에 의하면 미적 가치란 객관화된 자아 감정이며 미적 쾌감의 필요성도 이를 바탕으로 한다. 영화의 경우에는 대개 극중 인물이 위험에 처했을 때 관객이 마음을 졸이는 따위, 요컨대 작품 속의 상황에 대해 관객이 주관적인 심리적 관계를 지녔을 때를 가리킨다.

- 시점(point of view)

관객과의 상대적인 위치에 있는 카메라의 촬영되는 소재와의 객관적 주관적 상호관계를 지칭하는 용어. 객관적 시점(objective point of view)은 감독이나 카메라가 촬영장면의 액션에 관여함이 없이, 또는 직접 참가하지 않고 객관적 관찰자의 입장에 서는 시점을 말하며 주관적 시점(subjective point of view)은 액션에 직접 참가하여 등장인물의 시점을 대변하는 것을 말한다.

서술의 담당자라는 측면에서 시점을 분류하면, 먼저 일인칭 시점(first-person point of view)은 작품의 주인공을 통해 이야기하는 경우로, 인물의 시점과 서술의 시점이 일치한다.

일인칭 관찰자 시점(first-person-observer point of view)은 화자가 관찰자인 경우로 작품속의 주인공이 아닌 인물이 그 주인공의 이야기를 하는 형식을 취한다.

삼인칭 관찰자 시점(director-observer point of view)은 작가가 관찰자이므로 객관성이 가장 중요시되며, 상기한 객관적 시점은 이것을 말한다.

전지적 작가 시점(omniscient-director point of view)은 작가가 전지적 입장에서 작중인물의 심리묘사, 행동동기, 감정 등을 해석도 분석도 할 수 있는 시점으로 객관적, 주관적 시점 모두를 사용한다.

이와는 달리 관객(따라서 카메라)과 피사체의 거리에 따라 먼 것은 원격 시점(distant point of view)이라 하여 원사 따위를 지칭하고 가까운 것은 근접 시점(close point of view)이라 지칭하기도 한다.

롱랑조페 감독의 〈미션〉

신부들은 죽고 저는 살아남았습니다.
하지만 실제로 죽은 자는 나고 산 자는 그들입니다.

왜냐하면 언제나 그렇듯 죽은 자의 정신은
산 자의 기억 속에 남기 때문입니다.

– 영화 〈미션〉 대사 중

: 11 :

대상은 감동이
있어야 한다

1. 대상을 받으려면 감동이 있어야 한다.

2. 감동이 있으려면 작품의 기승전결의 맥락이 있어야 한다.

3. 기승전결이 있으려면 사건이 있어야 한다.

4. 사건이 있으려면 그 사건을 발단시킬 주인공이 있어야 한다.

5. 단편 시나리오에서 가장 포인트는 사건과 주인공이다.

6. 주인공을 최대한 힘든 사건 속에 몰아넣어라.

존리 행콕 감독의 영화 〈블라인드 사이드〉(2009)

영화보다 더 영화 같은 실화

잔잔한 눈물을 흘리게 하는 존리 행콕 감독의 영화 〈블라인드 사이드〉. 추수감사절 하루 전날 밤, 차가운 날씨에 반팔 셔츠만을 걸친 채 체육관으로 향하던 '마이클'을 발견한 '리 앤'. 평소 불의를 참지 못하는 확고한 성격의 리 앤은 자신의 아이들과 같은 학교에 다닌다는 마이클이 지낼 곳이 없음을 알게 되자 집으로 데려와 하룻밤 잠자리를 내어주고, 함께 추수감사절을 보낸다. 갈 곳 없는 그를 보살피는 한편 그를 의심하는 마음도 지우지 못하던 리 앤. 하지만 시간이 흐르며 마이클의 순수한 심성에 빠져든 리 앤과 그녀의 가족은 그를 마음으로부터 받아들이기 시작한다.

리 앤 가족의 도움으로 성적까지 향상된 마이클은 본격적으로 미식축구 훈련을 시작하며 놀라운 기량과 실력을 발휘하고, 리 앤은 그의 법적 보호자를 자청하며 마이클의 진짜 가족이 되고자 한다. 주변의 의심 어린 편견, 그리고 마이클이 언젠가 자신을 떠나 사라질 지도 모른다는 불안감을 뒤로 한 채……

존 리 행콕 감독의 영화 〈블라인드 사이드〉

가족이 무엇인지, 진정한 사랑이 무엇인지 깨닫게 했던 영화이다. 10번 정도 보았지만 볼 때마다 눈물이 나게 하는 영화 블라인드 사이드. 산드라 블록의 생애 최고의 연기와 실화가 주는 감동이 긴 여운을 남긴다.

'당신은 그 아이의 인생을 바꿨어요' 라는 물음에
'아뇨, 그 아이가 제 인생을 바꿨어요' 라고 답한 산드라 블록.

가족 안에 한 어머니의 역할이 한 사람을 어떻게 변화시킬 수 있는지 느끼게 해준 어머니 역할의 산드라 블록은 아카데미 여우주연상을 받게 된다. 이 영화의 또 하나의 특징은 특별한 기승전결이 없다는 것이다. 즉 중간에 교통사고를 제외하면 특별한 사건이 없다. 하지만 '흑인이 가족이 될 수 있을까?'라는 사회통념에 대한 불안감이 영화의 긴장감을 계속 유지시킨다.

군 생활을 마치고 대학원을 다니며 정신없이 계속된 작품 활동에 탄력을 준 건 틈틈이 들려오는 작품의 수상 소식이었다. 중복 수상이 안 된다고 해서 수상을 양보한 적 있었지만 그 자체만 해도 작품 활동에 에너지를 불어 넣을 수 있었다. 인터뷰 때 최근 작품들이 전부 다 수상을 하고 계시는데 특별한 비결이 있냐고? 물어보는 경우가 있다. 나는 대학시절에 13작품의 단편을 찍었다. 물론 좋은 결실을 맺은 작품은 마지막에 찍은 2작품 정도의 입상과 수상이 끝이다. 그때 충분히 많은 연습을 해두었기 때문이다.

작품을 계속 찍으면서 실수를 거듭했기 때문에 제대 후 대학원 시절의 작품들이 빛을 보는 것이다. 〈뚜릉뚜릉〉이나 〈지하철역〉 등은 기발하고 너무 재미있다는 얘기를 많이 들었다. 하지만 이 작품들은 대상이 아니라 항상 대상 바로 아래인 우수상과 최우수상에 맴돌았다. 그리고 대상작품을 아무리 보아도 나보다 재미도 없고 촬영도 못했는데 대상을 받네! 이런 생각을 많이 했다.

하지만 대상 작품에는 내 작품에 없는 감동이라는 코드가 있었다.

재미있기만 한 작품을 대상을 줄 수 없는 것이 영화제 심사위원들로는 당연한 것이다. 무언가 말하고자 하는 메시지, 즉 감동이 있는 작품을 대상작으로 뽑게 되는 것이다.

대상작품은 그 영화제나 영상제의 꽃이자 얼굴이다.

CTS 기독교 영화제는 매년 시행되고 있는 영화제이다 올해에는 대상작품 상금이 1,500만 원이나 된다. 어마어마한 액수이다. CTS가 기독교 방송이라는 것은 다 알고 있을 것이다. 대상작품들의 주제는 가족, 사랑, 신앙, 이런 따스한 내용들을 담고 있다.

아무리 잘 찍은 영화라도 폭력적이고 결론이 애매모한 작품을 CTS 영화제에서 대상으로 뽑을 수 있을까? 항상 영화제나 공모전에 출품할 때는 당신이 심사위원의 입장이 되어야 한다고 앞에서 설명했다.

기존 대상 수상작품의 시나리오는 너무도 평범했다.

기- 주인공 김 군은 대학에 졸업하고 취업을 하지 못해 고민이 정말 많은 취업준비생이다. 매주 자신을 전도하려고 아주머니가 방문하신다.

승- 좌절의 날이 더해가고 누가 문을 두드리기에 아주머니가 또 전도하러 왔구나 생각되어 문을 열며 화를 내는데 문 앞에 성경책만 놓여 있을 뿐이다. 홧김에 성경책을 집안으로 던지고 이력서를 다시 쓴다.

전- 기다렸던 발표 날, 또 취업에 실패하고 자살을 결심한다. 침대에서 목을 매달려고 할 때 눈에 보이는 것이 던져놨던 성경책이다. 삶을 포기했던 그 순간이 지나고 교회로 향한다. 그리고 교회에 가서 눈물 흘리며 자신의 모습을 회계한다.

결- 시간이 좀 지난 후 성가대 가운을 입고 열심히 찬양을 하는 주인공이 보인다. 그리고 예배를 마치고 교회에 나오는데 문자가 한 통 온다.

취업합격 문자. 주인공의 환한 얼굴과 함께 교회 종탑의 십자가가 보인다.

기- 영화의 시작 주인공 설명 및 사건의 기초
승- 사건의 발달되고 주인공이 곤경에 처하게 됨
전- 사건의 최고조 주인공의 심정의 큰 변화와 선택이 있어야 한다.
결- 화제의 결말. 해피엔딩 or 반전 메시지가 있어야 한다.

이 책을 읽는 사람들은 웃을 것이다. 저런 뻔한 스토리 뻔한 이야기로 저 작품은 대상을 받았다. 그리고 스토리는 우리가 생각하는 것보다 매우 탄탄하다. 주인공을 최대한 위기에 몰아넣었고 충분한 기승전결에 아름다운 결말 그리고 감동까지 주었기 때문이다.

위의 대상작품은 정말 기승전결에 잘 구성된 완벽한 시나리오이다. 그렇기에 작품 촬영과 기법은 낮았지만 대상을 탈 수 있었던 것이다.

기승전락(起承轉落) 또는 기승전합(起承轉合)이라고도 한다. 제1구를 기구(起句), 제2구를 승구(承句), 제3구를 전구(轉句), 제4구를 결구(結句)라 하며, 이 네 구의 교묘한 구성으로 한 편의 절구를 만드는 방법이다. 즉, 기구에서 시상(詩想)을 일으키고, 승구에서 그것을 이어받아 발전시키며, 전구에서는 장면과 사상을 새롭게 전환시키고, 결구는 전체를 묶어서 여운(餘韻)과 여정(餘情)이 깃들도록 끝맺는 것이다. 또한 문장 구성에 있어서의 4단계, 즉 서론(序論)·설명(說明)·증명(證明)·결론(結論)과 같은 4단계의 구분도 기승전결의 전용(轉用)이다. 이는 소설이나 희곡에서 그 줄거리나 구성을 고안하는 데도 사용된다.

출처: 두산백과

제목: 이것이 나의 간증이요

연출: 이준희(8분 단편)

촬영: 박성진

수상: 제5회 대한민국기독교영상대전 대상

시놉시스

병원에 입원하게 된 웃음치료사. 병원 내 목사에게 복음을 전해 듣게 된다. 하지만 마음속에 상처가 있던 웃음치료사는 쉽게 마음의 문을 열지 않는다. 하지만 목사의 기도와 인내하는 마음이 웃음치료사로 하여금 끝내 다시 하나님께 돌아오게 된다.

연출의도

실화를 바탕으로 재구성한 이번 드라마는 전도의 참 의미를 알려주고, 소외되고 가려진 한 영혼을 위한 하나님의 마음을 원목을 통해 보여줌으로 인해 우리에게 진정한 영혼 구원의 의미를 알려주고 싶었다.

'이것이 나의 간증이요' 이 작품도 아주 훌륭한 기승전결과 함께 감동을 주고 있다. 대상작품의 시나리오로 완벽하다고 할 수 있다. 연출은 내 후배인 이준희 감독이 만들었다. 이준희 감독을 처음 봤을 때의 모습은 영상과 영화에 정말 아무런 감이 없었다.

심지어……
내가 '넌 감각이 없어!' 라는 독설을 말하기도 했다.
하지만 이 감독에겐 아주 특별한 것이 있었다.
그것은 바로 '끈기' 였다.

영화에서 가장 중요한 것이 감각이지만 감각보다 더 필요한 것이 끈기이다. 끈기가 없는 사람은 오래 일하지 못한다. 그렇다면 이준희 감독이 어떤 끈기를 가지고 작품에 임했는지 한 번 흐름을 살펴보자.

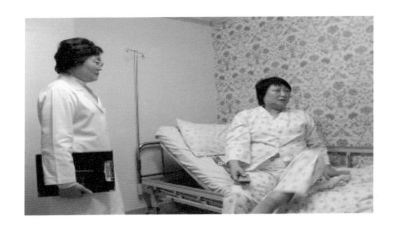

병원에 입원한 웃음치료사. 병원 담당자인 목사님의 주인공 소개와
함께 둘의 만남이 이뤄진다. 둘 사이의 거리가 이들 사이의 감정곡선의
거리와도 같다.

목사님이 '삶이 많이 힘들지 않느냐?' 물음에 주인공의 회상 씬이 들
어간다. 웃음치료사로서 사람들에게 인기 있고 멋진 강사로 살아가는
그의 인생을 보여준다.

하지만 병원의 지루한 날은 계속되고 문병 오는 손님도 하나도 없자 조금씩 목사님과 이야기를 나누고 TV도 보며 친구처럼 친해지는 두 사람. 여기서 주목할 것은 점점 가까워지는 둘 사이의 거리이다.

항상 마음 깊은 곳에 있던 자신만의 고민과 외로움이 있었다. 그 고민과 외로움 안에 친구처럼 다가온 목사님. 영화는 교회에서 기도하는 장면으로 끝난다. 친구처럼 다가온 목사님의 통해 열리면서 교회에 다가가서 기도하는 장면으로 영화는 끝난다. 이 작품에 출현하신 두 분은 실제 인물이며 작품의 모티브 또한 두 분이 병원에서 만난 과정을 통해 모티브를 얻어서 작품을 만들었다고 한다.

기독교 영화제에 대상을 받은 2개의 작품을 설명했다. 영화제나 공모전에는 요구하는 작품의 주제가 있는 경우가 있다. 특히 매년 열리는 공모전보다 일회성으로 하는 공모전일 경우 그에 맞는 주제가 더욱 확실해야 한다.

정리하면……

1. 대상을 받으려면 감동이 있어야 한다.
2. 감동이 있으려면 작품의 기승전결의 맥락이 있어야 한다.
3. 기승전결이 있으려면 사건이 있어야 한다.
4. 사건이 있으려면 그 사건을 발단시킬 주인공이 있어야 한다.
5. 단편 시나리오에서 가장 포인트는 사건과 주인공이다.
6. 그 주인공을 최대한 힘든 사건 속에 몰아넣어라.
7. 사건 속에 주인공은 역경과 고난 속에 좌절한다.
8. 하나의 작은 희망을 발견하고 매달린다.
9. 폭풍우 같던 사건이 지나가고 주인공은 작은 미소를 보인다.
10. 관객에게 인생은 힘들지만 꿈과 희망이 있다는 메시지를 남긴다.

영화 〈블라인드 사이드〉 실화의 주인공들의 모습

용기 있길 바라고 명예롭게 노력해야 한다.

– 영화 〈블라인드 사이드〉 실화의 주인공 '마이클' 에세이 중

문화부장관상 수상 〈초대〉
모티브의 시작

연출 〉촬영 〉세트 이 공식을 잊으면 안 된다.

시나리오 + 주인공 = 결과

시나리오 + 주인공 = 결과 + @ (연출력 + 촬영)

그만큼 시나리오와 주인공은 연출, 촬영보다 중요하다.

그 해 2004년 겨울……

사람들은 자살을 했다.

영화배우로 성공 했던 몇몇 연기자들이 자살이 이어지며……

자살 카페에서 만난 회원들이 여관이나 자동차에게 동반 자살을 한다.

여기서 작품은 시작한다.

왜? 왜??

우리 영화는 항상 자살을 보여주고

자살이 삶에 마지막인 것처럼 관객에게 보여주는가?

왜 우리 영화는 자살을 하려는 사람들에게

새로운 꿈과 희망을 주지 못하는가?

여기서 글을 쓰기 시작한 것이 바로 〈초대〉다.

초본을 쓰고 큰 수정이나 각색도 없이 바로 촬영 준비에 들어갔다.

– 시놉시스

"자살" 내가 선택한 최후의 선택.

그리고 보면 참 살만한 세상이다.

자살하는 사람을 위한 집도 있고……

삶의 종착점에 선 라헬이 찾아간 자살하는 집.

라헬은 삶의 비행을 마치려고 하는데……

"suicide" The final decision I have made.

As we know, world isn't that bad at all.

Even there is house for suiciders……

The house which Rahel went to finish his life off.

Rahel is about to end his journey of life……

– 연출의도

갑자기 쏟아지는 연예인들의 자살과 함께

한국사회에서 자살의 심각성이 대두되고 있다.

자살이란 삶에 종착지이자 어쩌면

새로운 삶의 시작을 원하는 행위일 수도 있다.

꼭 자살일 수밖에 없는가? 삶에 종착지에 선 라헬이 가는 곳.

삶속에 지친 당신을 초대하고 싶다.

Korean community is focusing on serious issues on suicides with sudden suicides of Korean celebrities.

Suicide is? I could be a last arriving point of life or act of new starting. But is this the only choice? Where Rahel went to finish his life off. Would like to invite you. Who is worn out of the life.

주인공 라헬은 항공 승무원이다. 삶에 지쳐 마지막 비행을 마치고 자살을 하기 위해 사이트에서 찾은 자살 도와주는 집을 향해 가게 된다.

그리고 자살하는 집에서 자살을 위해 지켜야 될 10가지 십계명을 하나씩 이행하기 시작한다. 그 과정 속에서 삶에 대한 작은 애착이 생기지만 결국 마지막 10번째 미션인 자살 약을 먹고 죽고 만다. 아마 여기서 영화가 끝났으면 좋은 평가를 받지 못했을 것이다. 다음날 라헬을 다시 깨어나고 다시 태어났다는 메시지와 함께 꽃다발이 한 아름 놓여 있다.

촬영을 준비하면서 가장 힘든 부분이 두 가지였다.

첫째는 자살하는 집을 촬영할 촬영 장소
두 번째는 주인공 역할의 여자 연기자 섭외

스태프는 최소화해서 꾸리기로 했다.

항상 조감독으로 도와주었던 이은선 감독

촬영을 해주었던 김민용 감독

미술과 조명을 도와줄 이우범 감독

촬영을 도와줄 차병선 PD

많은 스태프들이 도움이 되는 것이 아니다. 야외 로케이션이 많지 않고 주 내용이 집에서 촬영되기 때문에 많은 스태프보다는 마음 맞고 잘 통하는 스태프들로 함께 하기로 했다.

메이킹 사진이 많지 않다. 많이 흔들렸지만 나는 촬영장에서 가장 중요한 것이 소통이라고 생각한다. 그 소통이 되려면 스태프와 연기자 감독들이 즐거워야 된다. 그래야 편하게 얘기할 수도 있고 즐겁게 촬영에 임할 수 있다.

촬영 장소는 세트를 하려고 했으나 편하게 4-5일 정도를 빌리려고 하니 부담이 많이 되었다. 당시 제작비를 200만 원 정도 잡고 있어서 긴 시간 세트와 미술을 할 비용이 고민 되었다.

당시 혼자 살고 있던 나는 계약 만기가 다 되어 가고 있는 반지하 원룸에서 이사를 준비하고 있었다. 내 개인공간과 작업실을 같이 쓸 수 있는, 공간 활용이 좋으면서 작업실 느낌이 있는 집을 구하고 있었다.

그때 딱 떠오른 생각이 '아예 이사 갈 집을 〈초대〉를 찍을 수 있는 공간으로 만들면 어떨까?' 하는 것이었다. 그리고 '작품을 찍은 공간에서 내가 살 수 있다면 얼마나 좋을까?' 라는 마음도 있었다.

물론 시간이 지난 지금 다시 작품을 볼 때는 세트에 대한 아쉬움이 있다. 하지만 제작비의 1/3 이상을 세트비용으로 쓰는 것은 고민해볼 문제이다. 독립영화는 항상 어려운 제작비에서 시작한다. 1/2의 비용을 세트에 부었을 때 나머지 부분에 대한 제작 여건이 급격히 떨어지기에 항상 감독은 연출에 힘을 실어야 한다.

연출 〉 촬영 〉 세트   이 공식을 잊으면 안 된다.

친구 전미랑 PD의 독립영화는 자신이 프로덕션에서 열심히 일해서 모은 제작비 1,000만 원을 가지고 진행한 프로젝트이다. 세트비용을 절감하고 촬영의 여건을 만들기 위해 세트 느낌이 나는 양수리에 단독 펜션을 빌려서 촬영 스태프 및 연기자가 합숙하며 제작을 했다.

요즘은 평수가 80평 정도 되는 독채형 펜션이 많다. 또 세트 느낌의 분위기를 주는 곳도 많아서 충남 대천 근처에 모 펜션은 펜션 손님보다 촬영 스태프로 더 분주하기도 한다.

항상 중요한 포인트를 세트를 제작하기 전에 이 세트를 대신할 수 있는 최적의 로케이션 장소는 없는지 고민해보고 찾아봐야 한다. 촬영 스태프와 촬영장소가 정해졌다면 남은 것은 주인공 섭외밖에 없다. 주인공에 대한 이야기는 챕터 '단편영화선 연기자 섭외가 작품의 승패를 좌우한다.' 이 부분에서 다루었다.

주인공 섭외는 정말 가장 중요하다.
어쩌면 이미 촬영이 들어가지 않은 상태에서 결과를 알 수도 있다.

시나리오 + 주인공 = 결과

연출력? 촬영? 이것은 +@ 값이다.
그 결과에 더 보탬을 줄 뿐이지 그 결과를 바꿀 수 있는 것이 아니다.

시나리오 + 주인공 = 결과 + @(연출력 + 촬영)

그만큼 시나리오와 주인공은 연출, 촬영보다 훨씬 중요하다.

흔히 연출자들은 연기자를 섭외하는 문제보다 촬영 스태프를 뽑는데 더 힘을 기울인다. 독립 단편에서는 기억하라. 연기자와 시나리오가 영화의 전부가 될 수 있다. 아니 전부라 해도 과언이 아니다.

촬영을 준비해면서 어려웠던 부분이 의상 부분이었다. '아시아나국제영화제' 출품을 생각하고 있었기에 아시아나 승무원복을 구해야만 했다.

아시아나 홍보실에 전화를 해서 요청서를 넣었더니 현재 있는 승무원 복은 다른 영화촬영에 지원이 나가서 어렵다는 대답이 왔다. 그럼 어떻게 해야 되냐고 묻자, 아는 승무원에게 빌려서 쓰라는 말뿐이었다. 당시에 아는 승무원이 없어 고민하던 차에 대한항공에 다니던 누님에게 대한항공 구 유니폼을 빌리게 된다. 당시 대한항공은 신 유니폼으로 교체되던 시기였다.

시간이 지난 지금 '힘들었어도 신 유니폼으로 찍었어야 하는데' 하는 아쉬움이 남아 있다. 영화는 과거 지향적이 아니라 미래 지향적이어야 한다.

단편일 경우 리허설을 진행하는 경우는 드물다. 하지만 배우들과 전체 대사 리딩과 메인 씬 부분의 동선은 필히 리허설을 해야 한다.

1. 전문 프로 배우가 아니다.
2. 전문 프로촬영감독이 아니다.
3. 연출자 또한 프로가 아니다.
4. 장소 또한 낯설다.

1 + 2 + 3 + 4 = 어설픈 작품.

　이것을 최소화할 수 있는 것이 리허설이다. 여기서 배우들 간의 호흡
도 맞춰 볼 수 있고 카메라 앵글과 위치 또한 테스트 할 수 있다. 만약
리허설 때 정말 배우의 호흡이 안 맞는다 생각된다면 감독은 진정 큰
고민과 결정을 해야 한다. 프로 연기자가 아닐 경우 리딩과 액팅을 한다
해도 연기의 변화는 큰 폭으로 진전되지 않는다.

〈초대〉 리허설 중

〈초대〉 리허설 중

당시 리허설을 통해 변경된 사항은?

1) 여자 주인공의 실내 의상을 연기자가 준비한 것으로 교체

2) 실내를 좀 더 넓게 보이게 하기 위해 아나몰픽 렌즈 사용 결정

3) 주인공의 인물을 좀 더 밝게 비추기 위해 작은 조명 추가구입 결정

촬영은 총 4회차로 월, 화, 수, 목으로 계획했으나 모든 촬영은 한나절 오버된 금요일 오전에 끝났다. 4박 5일간 쉬지 않고 계속 촬영을 했다. 나중에 1차 가편 후 느낀 점은 너무 촬영분량이 많아서 버리기 아까웠다.

좀 더 디테일하게 고민했다면 굳이 필요 없는 분량까지 찍을 필요가 없었다. 최종 마스터본은 21분이었지만 1차 가편분은 60분이 나왔다. 거의 장편영화에 가까웠다. 편집에 대한 뒷이야기는 후반에 편집 챕터에서 다루도록 하겠다.

결국 영화라는 것은 좋은 시나리오와 좋은 배우와의 만남이다. 감독은 그 둘 사이를 잘 조화시키는 입장인 것이다. 좋은 시나리오에서 나쁜 영화는 나올 수 있지만 나쁜 시나리오에서 좋은 영화는 절대 나올 수 없다는 영화 불변의 법칙이 있다.

좋은 배우를 만나기 위해서는 좋은 시나리오를 써야 되는 것이다. 좋은 시나리오는 감독이 '본인의 작품의 모티브를 어디서 찾느냐?'에 따라 시작된다. 봉준호 감독은 작품을 구상 중엔 절대 차를 안 가지고 다닌다고 한다. 왜냐하면 버스나 대중교통을 이용하며 다니면서 사람들의 이야기와 모습에 귀를 기울이며 작품을 구상하기 때문이다.

때론 여행을 가서나, 책을 보면서, TV를 보면서 작은 아이디어와 생각들이 샘솟을 때가 있을 것이다. 그때를 집중해야 한다. 그리고 아직 당신의 머릿속에 잠재되어 있는 글로 표현되지 못한 시나리오들을 하나하나 끄집어내어야 한다.

〈영화이론〉
– 진실영화(시네마 베리떼, cinema verite)

 '영화 진실'이란 뜻의 용어로, 1960년대에 프랑스에서 전개되었던 일련의 기록영화 제작방식을 가리킨다. 즉 기동성이 뛰어난 소형 경량의 장비를 사용하여 즉시성, 자발성, 확실성을 강조하며, 소재에 대한 어떤 예상된 이야기체나 고정관념을 배제하는 방식을 말한다.

 시네마 베리떼라는 용어는 로슈(Jean Roche)가 모랭(Edgar Morin)과 함께 만든 〈여름의 연대기〉(Chronique d'un Ete '60)를 해설하는 과정에서 처음 사용되었고, 그 이론과 실천방안은 뉴스영화 시리즈인 '키노 프라우다'를 만들었던, 영화사 초기의 러시아인 베르토프, 그리고 플래허티에게서 영향을 받았다.

 〈여름의 연대기〉에서 두드러진 수법은 제작자가 직접 제작과정에 뛰어들어 인터뷰 등을 통해 하나의 주제에 대한 진실을 밝혀내는 것으로, 당시 미국에서 성행하였던 직접영화는 제작자를 작품 속에 드러내지 않았다는 점에서 진실영화와는 차이를 보였다. 진실영화의 이러한 기법은 60년대의 프랑스의 누벨바그와 미국의 카사베츠(John Cassavetes)의 작품 등에도 영향을 미쳤다.

보라카이에서...

창작이란 고통이 아니라 즐거움이다. 단지 그 시작의 모티브를 찾지
못해서 아직 가슴속 깊이 묻혀 있을 뿐이다.

　　　　　　　　　　　　　　　　　　　- 김양식 감독

: 13 :
〈초대〉
이렇게 제작했다

삶에 지쳐서 내가 이곳에 처음 왔을 땐
그땐 정말 모든 걸 포기한 순간이었어.
나는 그냥 평범하게 살기 원했었는데
하지만 나와 같은 이들이 있다는 걸 알았고
나도 그들과 다시 시작하고 싶어.
세상 사람이 나를 버리고 삶이 나를 힘들게 할지라도
이제 꿈을 버리지 않고 행복해질 수 있다는
작은 소망을 갖고 살아갈래.

독립 중편영화 〈초대〉

제4회 한백독립영화제에서 대상으로 문화부장관상 수상하며 소감발표 중

영화제에서 수상할 때 그 기분은 말로 표현할 수 없다.

힘들게 작업한 내 작품을 누가 알아주었다는 그 기쁨과

고생한 스태프 및 연기자에게 당당할 수 있고 무엇보다

내 작품을 다른 사람에게 알릴 수 있는 기회가 되기 때문이다.

촬영 첫날은 야외 씬을 전부 배정했다.

즉 주인공이 공항에서부터 자살하는 집까지 촬영이다.

총 씬은 공항, 지하철역, 지하철 내부, 논현역, 그리고 자살하는 집 입구.

대사 외 디테일은 없지만 장소와 이동시간이 많아서 하루에 끝낼 수 있을까? 라는 고민이 많이 들었다.

처음 촬영지는 인천공항으로 잡았는데 이동시간이 너무 멀어 김포공항으로 변경했다. 공항 내 촬영섭외는 일정의 촬영비를 내야 한다. 그래서 공항 외부에서 촬영하는 것으로 변경. 대신 국제선이라는 공항모습이 보일 수 있도록 했다. 연출자는 자신의 찍고자 하는 부분을 고집할 때도 있어야 되지만 상황에 맞게 빠른 다른 선택을 할 수 있는 부분도 연출자의 능력이라고 할 수 있다.

현장에서 감독은 이 장면에서 중요한 포인트가 무엇인지 파악해야 한다. 또한 신속한 선택으로 각 상황을 진행해야 한다. 작품결과에 대한 모든 책임도 선택을 한 연출자의 몫이다.

주인공은 지하철 입구에 들어서며 잠시 뒤를 돌아본다. 이 모습은 주인공의 심정과 같다. 이제 지하철을 타고 자살을 향해 떠나는 자신의 모습에 대한 아쉬움과 삶에 대한 아쉬움이 이 한 컷으로 표현돼 있다.

발신자 미확인.

라헬의 죽음은 왜? 무슨 문제 때문인지 구체적으로 나와 있지는 않다.

이 부분에 대한 하나의 부연설명으로 발신자 미확인 전화를 넣었다.

주인공은 받지 않는다. 관객들은 '무슨 문제가 있긴 한데?'라는 의문점과 궁금점을 유발시킨다.

히치콕의 맥거핀 같은 효과이다.

속임수, 미끼라는 뜻. 영화에서는 서스펜스 장르의 대가 알프레드 히치콕이 고안한 극적 장치를 말한다. 극의 초반부에 중요한 것처럼 등장했다가 사라져버리는 일종의 '헛다리짚기' 장치를 말한다. 관객들의 기대 심리를 배반함으로써 노리는 효과는 동일화와 긴장감 유지이다.

프랑스 영화감독 프랑수아 트뤼포는 그의 저서 『히치콕과의 대화』에서 히치콕이 규정한 맥거핀에 대한 정의를 소개하고 있다. 두 남자가 스코틀랜드로 기차를 타고 가는데 한 사람이 "선반 위에 있는 저 꾸러미는 뭡니까?"라고 물었다. 다른 한 사람이 "아 저거요. 맥거핀입니다"라고 대답했다.

"맥거핀이라뇨?"라고 의아하게 묻는 사내에게 다른 사내는 "그건 스코틀랜드 고지대에서 사자를 잡는 장치입니다"라고 말했다. 그러자 상대편 남자는 "이상한 일이군요. 스코틀랜드 고지대에는 사자가 없는데요?"라고 대꾸했다. "아, 그래요. 그럼 맥거핀은 결국 아무것도 아니군요." 이 일화는 맥거핀의 극적 기능에 대한 적확한 사례로 거론된다. 맥거핀이 그 기능을 다하는 것은 극적 전말이 확고해지는 순간이다.

맥거핀은 어디론가 사라져서 찾고 있는 사람이나 물건일 수도 있고 그 외의 어떤 것일 수도 있다. 그것은 중요해 보이지만 실은 극 전개에 아무런 구실도 하지 않는다. 하지만 히치콕에게 맥거핀은 필수적인 요소이다.

〈싸이코〉(Psycho, 1960)의 돈 가방, 〈북북서로 진로를 돌려라〉(North By Northwest, 1959)에서 실존하지 않는 가상의 인물인 '조지 캐플란' 등이 대표적인 경우이다. 극적 기능이 없다고 해서 맥거핀이 무용한 지적 유희인 것만은 아니다. 히치콕에게 맥거핀은 서스펜스(suspense)를 이끌어내는 주요한 수단이다.

관객의 주의를 끌다가 놓아버리는 조절을 통해 히치콕은 몰입과 이완의 효과를 자유자재로 구사한다. 히치콕은 〈북북서로 진로를 돌려라〉의 한 장면을 맥거핀을 가장 잘 활용한 예로 꼽는다. 히치콕이 말한 것처럼 맥거핀의 진정한 가치는 '의미의 상실' 즉 무가치함에 있다. 맥거핀의 무가치한 특성은 관객들에게 비판적인 태도를 가지도록 한다.

히치콕은 관습적으로 주목을 받는 대상을 맥거핀으로 사용해 관객들의 김을 빼놓는다. 관객은 스스로의 믿음과 판단력이 조롱당했음을 깨닫게 되지만 이 때문에 불쾌함을 느끼기보다는 성찰의 기회를 갖게 된다. 이것은 히치콕이 바라보는 세계와 무관하지 않다. 무의미한 것에 의미를 부여하고, 무가치한 것에 가치를 부여하는 행위는 히치콕의 영화에 빈번하게 등장하는 상황들처럼 무지와 오해로 인한 아이러니한 세계를 형성한다. 히치콕은 헛다리짚기를 통해 동일화의 허구성을 체험하도록 만들었지만, 히치콕 이후의 감독들은 극적 재미를 위한 트릭으로 맥거핀을 쓰는 경우가 많았다.

출처: 영화사전, 2004.9.30, propaganda

건물 입구씬은 작은 언덕을 올라온 라헬이 지나가고 지미집 앵글을 통해서 4층에서 그를 바라보고 있는 한 남자의 표정을 잡고 표현하고 싶었다. 이 부분이 영화 앞부분에서 가장 중요한 부분이라고 생각되었다.

원래는 지미집을 이용해 촬영을 해야 되는데 4층 높이까지 부감을 표현하려면 큰 크레인 장비를 이용해야만 가능했다. 하지만 영화촬영용 크레인을 부르기엔 제작비에 대한 부담감이 컸다.

그래서 생각난 것이 바로 이삿짐센터 짐 올리는 크레인이었다. 단돈 6만 원에 촬영을 마쳤으며 중간 1층에서 4층까지 올라가는 높이 또한 만족스러웠다. 물론 이동 속도나 무빙의 부드러움에 대한 아쉬움은 있다. 하지만 당시 저예산에서 사용할 수 있는 최고의 선택이었다.

　요즘은 지미집이 매우 저렴해졌다. 오디마크3 올릴 수 있는 지미집 같은 경우 장비 포함 40만 원 정도면 지미집 감독이 와서 다 설치하고 앵글까지 잡아준다. 또한 독립영화 촬영인 걸 알고 스케줄만 맞는다면 더 저렴하게도 해주는 경우도 있다..

오프닝과 엔딩 그리고 가장 중요한 씬 2컷 정도는 지미집이 들어가야 앵글이 살고 영화제 심사할 때도 더 좋은 점수를 받을 수 있다.

후배들이나 제자들 작품을 보면 제작비가 300, 500, 1000 이 정도 수준의 단편치고는 상당히 높은 제작비를 가지고 진행하면서도 지미집을 쓴 작품은 많지 않다. 기껏해야 높이 2-3미터의 파나집 정도……

기억해라. 단편 제작비가 200만 원 이상이다.
그렇다면 지미집 촬영을 1회차 넣어야 한다.

(1회차 안에는 오프닝 엔딩 가장 중요한 포인트씩을 모두 찍어야 한다.)

자살 10계명. 이 집에 들어와서 자살을 하기 위해서 지켜야 될 10가지 미션이다. 원래는 성경의 10계명을 따와서 자살 10계명을 지었다.

자살을 하는 사람들도 바로 목숨을 끊는 것이 아니라 나름대로 삶을 정리하고 간다고 한다. 주인공 라헬이 10계명을 하나씩 실행하면서 삶에 대한 작은 애착과 고민을 할 수 있으면 좋지 않을까? 그런 작은 갈등하는 모습을 10가지 미션을 통해 담고 싶었다.

　2번째 십계명. 목욕재계는 주인공이 죽기 전에 정결한 모습을 보여주기 위해 정한 것이다. 10가지 계명 중에 가장 힘을 준 부분이기도 하다.

　이 부분에서 주인공이 물속에 빠지는 장면이자 이 영화의 가장 포인트이기 때문이다. 욕조 속에 잠긴 후 시간이 잠시 멈추고 주인공은 '여기서 죽는 건가?'라는 생각에 잠긴다. 삶과 죽음의 경계이자 새 생명을 부여하는 기독교 침례의식에서 아이디어를 따왔다.

　이 장면에서 주인공이 다시 욕조 위로 떠오르는 모습을 통해 영화의 대한 암시와 관객들의 후반 부분에 대한 기대치를 더 높여준다. 촬영장소인 자살하는 집에 따로 욕조가 없어서 이 욕조 씬은 평촌 쪽에 있는 모텔에서 촬영을 했다. 비누거품을 많이 안 띄웠다면 여배우 노출을 통해 원래 전달하고자 했던 연출자의 의도가 혼미해졌을 수 있었을 것이다.

물에 들어간다는 것은 죽음의 의미를 뜻한다. 하지만 주인공 라헬이 다시 욕조에서 나옴으로써 새롭게 태어나는 구원(침례)의 의미와 함께 주인공이 다시 살아서 자살하는 집을 나갈 것이라는 복선의 의미도 담고 있다.

S. 2계명

- 두 번째 주황색 박스에 손이 가는 라헬
- 주황색 박스를 열자 수건과 비누 칫솔 장미꽃 한 송이가 들어 있다.
  메모장에 쓰여 있기를. '죽기 전에 샤워는 기본.'
- 박스에 든 수건과 가방 안에 추리닝 꺼내서 화장실로 들어가는 라헬
- 욕조에 들어서자 이미 물이 욕조에 가득 흐리고 있다.
  장미꽃을 뿌리고 욕조에 들어가는 라헬

- 거품으로 몸을 닦다가 물속에 머리를 푸욱 들어간다.
- 수돗물이 조금씩 멈추고 몇 방울 몇 방울 떨어지고 장미꽃이 수면
  위를 맴돈다.

- 물속에서 나오는 라헬……(크게 숨을 고른다.)
- 머리를 수건으로 닦으며 화장실에서 나오는 라헬
- 분홍색 추리닝 입고 있다.
- 거울 앞에서 로션을 바르다 거울에 비친 자신의 모습을 바라본다.
  거울 앞으로 점점 다가서며 손으로 거울 속의 얼굴을 만진다.

좁은 공간을 최대한 넓게 활용하기 위해서 사용된 아나몰픽 렌즈와 촬영 장면마다 최대한 카메라를 벽 쪽에 붙여서 촬영을 했다. 스태프는 앞에서도 한 번 얘기했지만 연출자 포함 총 5명이었다. 한 공간에서 촬영을 할 때는 많은 스태프들이 필요치 않다. 조명 같은 경우도 최대한 스탠드를 개조하고 전구를 상황에 따라 바꿔 끼면서 촬영을 했다. 물론 지금 보았을 때는 조금 아쉬운 점도 있다. 하지만 당시 200만 원의 제작비를 가지고 진행했기 때문에 예산 대비 충분히 좋은 효과를 본 거 같다.

　3번째 계명 '만찬' 처음 연출 의도는 자살 전에 몸을 정결히 하고 맛있는 음식을 해먹으며 삶에 대한 의미를 찾는 것이었다. 또한 기독교 성경에 나오는 오병이어 즉 물고기 2마리와 보리떡 5개로 오천 명을 먹였다는 기적적인 사건을 재현해보고 싶었다. 그래서 찰밥 5개와 참치 2개를 꺼내 만찬을 만드는 주인공 그렸는데 이 부분을 이해하는 관객은 없었다.

　6번째 계명 와인은 죽기 전에 주인공에게 와인을 한 잔 하며 삶에 여유를 주인공에게 선물하고 싶었다. 하지만 촬영 중에 와인 병을 따지 못하는 상황이 연출되고 편집할 때는 주인공이 집착하는 장면으로 넣었다. 이 부분이 생각보다 재미있다. 카메라 앵글은 부감으로 롱테이크 촬영했다. 약간은 CCTV 화면 느낌의 앵글을 통해 관객이 객관적으로 주인공을 바라볼 수 있게 표현한 부분이다.

촬영 여러 부분 스테디 캠을 사용한 흔적이 아주 많다. 주인공이 움직이는 부분이나 동선 있는 부분은 스테디 캠으로 다 촬영을 했다. 하지만 후반작업 때 스테디 캠 장면을 점프 컷으로 편집 특별히 스테디 캠으로 촬영했다는 느낌을 주지는 않는다. 나는 영화에서 스테디 캠 장면을 종종 넣는 편이다. 물론 연출자인 내가 스테디 캠을 운영할 줄 알아서 이기도 하지만 특별한 다른 이유가 있다.

1. 감독이 직접 스테디 캠 장비를 매고 땀을 흘리는 모습에서 배우의 열정 또한 깊어진다.
2. 연기자의 동선이 있는 컷 중 앵글잡기가 힘든 부분들이 의외로 있다. 이런 부분은 과감히 스테디 캠으로 처리하고 편집 시 점프 컷으로 이어 붙이면 효율적이며 촬영 시간을 절약할 수 있다.

7번째 계명 소망은 주인공이 다시 태어난다면 어떤 삶을 살고 싶은지 편지에 남기는 부분이다.

"평범한 가정의 아내이고 싶다. 사랑하는 남자와 그리고……"

이 부분은 생각보다 주인공의 손이 예쁘지 않고 네일아트로 꾸며진 손이 어울리지 않아 이은선 조감독이 손 부분 대역 촬영을 했다.

S. 7계명

－ 날이 환해지고 참새가 지저귄다.……

－ 창문이 살짝 열려 있고 커튼이 하늘거린다.

－ 침대 옆에 물이 가득 찬 유리컵이 놓여 있다.

－ 물 한 잔을 마시고 정신을 차리는 라헬……

－ 침대 옆 날짜에 12월 29일을 가리키고 있다.

－ 남은 상자는 3개 7번째 상자를 열어본다.

－ 종이 한 장과 펜이 놓여 있다.

－ 쪽지에 쓰여 있기를 '다시 태어난다면 어떤 사람이 되고 싶은가?'

－ 고민하는 라헬…… 펜을 들어 쓰기 시작한다.

－ 평범한 가정의 아내로 살고 싶다.

－ 사랑하는 남자와 그리고 예쁜 아이를 기르고 싶다.

8번째 계명 흔적은 원 시나리오상은 검정색 옷을 입고 찍는 마지막 영정사진 같은 느낌이다.

– 그러다 다시 옷을 꺼낸다. 검정색 정장……

– 머리를 곱게 빗고 다시 사진을 찍는다.

– 플래시가 터지면서……

촬영 당시에 검정색 의상이 너무 죽음을 암시하고 인위적인 느낌이 들어서 검정색 의상과 추리닝 의상 두 개로 촬영을 했다. 작품 연출 시에 A, B 두 가지로 고민이 심할 땐 두 가지다 촬영을 하는 것도 한 방법이다. 결국 편집할 때 검정색 옷 입고 찍은 부분을 제외했다.

S. 9 계명

– 9번째 상자. 열어보니 흰색 옷이 하나 들어 있다.

– 거울 앞에 서서 옷을 대보는 라헬……

– 흐뭇하게 웃는다. 흰색 원피스로 갈아입는다.

– 머리에 흰색 머리띠를 꽂는다.

이 부분은 원피스를 갈아입는 부분도 원래 촬영이 되어 있었다. 약간의 노출이 있어 다른 스태프들은 세팅 후 빠지고 연출자와 연기자 둘이서만 간단히 촬영을 했다. 하지만 편집 때 이 부분은 과감히 삭제했다.

S. 10 계명

– 조심스럽게 아주 조심스럽게 연다. 상자 안에 약 봉투가 들어 있다.

　'5알을 꼭꼭 씹어 드십시오! 그러면 조용히 생을 마감할 것입니다.'

– 옆을 돌아보는 라헬…… – 10가지 상자가 높이 쌓여 있다.

– 흐뭇하게 웃는다…… 약을 꺼낸다. 손 안에 가득하다.

– 한 알씩 씹어 먹는다. 두 알 세 알 이때 픽 쓰러진다.

– 남자. 다시 나타나 여자를 침대 위에 눕힌다.

　10가지 미션 중 가장 중요한 부분이라고 할 수 있다. 삶에 대한 작은
희망을 꿈꿨지만 결국 자살하는 라헬. 약을 두고 고민할 수밖에 없는
라헬의 감정라인을 살리기 위해 촬영 전 잔잔한 음악을 틀어 놓았다.

단편영화, 영상공모전 이렇게 제작하라

- 4일 지나 1월 1일로 맞춰져 있다.

- 침대 옆엔 비디오카메라가 놓여 있다.

- 침대 위에서 눈을 뜨는 라헬. 장미꽃이 가득 놓여 있다.

- 그 위에 메모가 놓여있다. '당신은 다시 태어났습니다.'

- 테이블 위에 리모컨이 놓여 있다. '플레이를 눌러주세요.'

이 장면은 촬영 마지막 회차에 진행을 했다 밤새 촬영을 하고 해가
뜨기를 기다렸다가 촬영했다. 촬영세팅을 하는 동안 내가 잠깐 잠들었
는데 촬영감독과 주인공 성영 씨가 '당신은 사랑 받기 위해 태어난 사
람'을 CCM을 촬영하고 있었다. 시나리오에는 없었던 부분인데 후반 편
집 때 최대한 넣고 싶었지만 약간의 음이 맞지 않아 넣지 못했다.

- 화면에 이 집을 왔다가 다시 태어난 사람들의 다짐 영상들이 나온다.
  (다들 흰색 옷을 입고 있다.)
- 처음 집에 들어올 때 마주쳤던 그 여자 영상이 마지막으로 나온다.

영화 초반 자살하는 집을 찾아 가던 라헬은 자기를 보고 방긋 웃고 있는 한 여자와 마주친다. 관객은 이 부분 영상을 통해 앞에 마주쳤던 그 여자도 자살하는 집을 통해서 새 생명을 얻고 새로운 삶을 향해 출발했다는 것을 깨닫는다. 이 여자의 인터뷰 부분은 라헬과 그리고 이 영화를 보는 관객 특히 삶에 희망을 잃고 자살을 결심하려는 현 시대의 청년들에게 보내는 메시지를 담고 있다.

나도 너처럼 이곳에 왔을 땐 죽으려고 왔어.

죽고 싶은 만큼 너 맘이 어떨 거라는 거 알아.

그런 널 생각하니깐 가슴이 아프다 근데 다시 살 기회를 줬어.

난 기회를 얻었기 때문에 다시 태어났어.

너무 기쁘고 내가 얼마나 소중한지 알게 됐어.

내 안에 소망들도 생겨났어.

너도 이제 빛을 보고 소망이 생겨나고 다시 태어날 거야. 힘내!

엔딩 씬을 찍을 때는 정말 마음이 가벼웠다 밤새 모든 실내 씬을 마치고 해가 떴을 때 라헬이 마지막으로 가볍게 집을 나서는 모습만을 촬영하면 되기 때문이다. 예쁜 사복을 하나 준비해달라고 했는데 미처 이 부분 코디를 체크하지 못했었다. 그 날 연기자가 준비해온 치마가 너무 짧아서 걱정이 많이 되었다. 그래서 풀 샷을 원래 계획보다 좀 더 부감으로 잡아서 최대한 노출이 덜 되도록 했다.

- 밝은 색(노란색) 옷을 입고 가방을 끌고 나오는 라헬

- 가방이 아주 작아졌다.

- 조금 언덕을 내려오다…… 뒤를 돌아본다.

   (insert) 비디오카메라에…… 영상을 담은 부분.

이 영화에서 가방은 인생의 짐이자 자신의 십자가 무게를 뜻한다. 처음에 큰 캐리어를 끌고 집에 왔지만 자신의 삶의 무게를 내려놓고 가볍게 작은 가방을 들고 다시 세상을 향해 나가는 라헬의 모습을 담았다.

삶에 지쳐서 내가 이곳에 처음 왔을 땐

그땐 정말 모든 걸 포기한 순간이었어.

나는 그냥 평범하게 살기 원했었는데

하지만 나와 같은 이들이 있다는 걸 알았고

나도 그들과 다시 시작하고 싶어.

세상 사람이 나를 버리고 삶이 나를 힘들게 할지라도

이제 꿈을 버리지 않고 행복해질 수 있다는

작은 소망을 갖고 살아갈래.

주인공 라헬의 인터뷰 부분의 구체적인 멘트는 쓰지 못하고 비워 두었었다. '어떤 내용을 담았으면 좋겠다'라는 생각만 있었을 뿐 정말 무슨 말을 담아야 할지 결정을 못해 '촬영을 진행 하면서 촬영하는 동안 그 감성을 가지고 채워야겠다.' 생각을 했다. 밤을 새고 아침이 오기를 기다리며 스태프들이 촬영 준비를 하는 동안 나는 조용히 시나리오를 쓰고 있었다.

중간에 라헬을 걱정스러운 듯이 바라보고 있는 이 남자.
그리고 라헬이 집을 나갈 때 환하게 웃고 있는 이 남자
사람들에게 변태적 느낌을 줄 수도 있는 이 남자.

나는 이 작품을 약간 3인칭 관찰자 느낌으로 표현하고 싶었고 그 3인칭이 이 집 주인이자 천사와 같은 이미지를 표현하고 싶었다. 우리가 항상 혼자 인 거 같고 외롭지만 누군가 나를 항상 바라보고 뒤에서 돕고 지켜보는 이가 있다는 것을 표현하고 싶었다. 그래서 최대한 인상이 부드러운 남자를 섭외를 하려고 노력했다. 당시 연극을 준비하던 형이 한 명 있어서 이 부분에 가장 적합할 것이라 판단되었다.

- 라헬 밝게 가방을 끌고 내려간다.

- 천천히 짐을 끌고 내려가면 창문에서 남자 라헬을 내려다본다.

- 라헬이 내려가면 한 남자 큰 짐 가방을 끌고 언덕으로 올라온다.

- 남자 창가에서 사라지고 화면 하늘로 향하면서 END.

이 씬은 내가 가장 좋아하는 장면 중 한 부분이다. 시나리오를 쓸 때부터 꼭 내가 연기해야겠다는 생각을 했다. 촬영하면서 다른 스태프들이 서로 이 장면 연기하겠다고 난리가 났다. 하지만 다른 스텝들은 모두 후반 인터뷰 영상 속에 출연시켰다.

주인공 라헬이 나가고 이 '자살하는 집'에 또 새로운 사람이 초대된다. 그리고 검은 양복에 긴 넥타이, 큰 캐리어와 짐 가방을 들고 집으로 들어간다. 이 친구 또한 자살을 하려 이 곳에 온 것이다. 하지만 또 주인공 라헬처럼 새 생명을 얻고 새로운 출발을 할 것이다.

영화제에서 관객들이 마지막 부분 연출의도가 무엇인지 설명해 달라고 물었다. 나는 '자살하는 집'을 내가 영화라는 공간에 만들어 놓고 주인공 라헬처럼 삶에 지친 사람들에게 삶에 대한 희망의 메시지를 주고 싶었다.

이 집은 곧 〈초대〉라는 영화이다. 마지막에 연출자인 내가 이 집으로 직접 들어가면서 이 영화를 통해 관객에게 주는 희망의 메시지를 넘어 연출자인 본인 또한 이 집 즉 이 영화를 통해 자신의 치유와 회복, 꿈과 희망을 주고 싶었던 것이다.

삶에 지친 당신을 초대합니다.

 마지막 엔딩 타이틀로 엔딩 에피소드를 대신하면서 작품에 대한 감독의 메시지와 연출의도를 한 번 더 전달했다.

자살에 새 해석 담은 '초대' 대상 영예
'당신은 다시 태어났습니다'

고양신문 webmaster@mygoyang.com

대상작 '초대'는 자살에 대한 새로운 의미 탐색을 하는 영화이다. 최근 몇 년 사이 급증하고 있는 자살을 소재로 삼았다는 것부터 눈길을 끄는 작품. 자살이란 삶의 종착지이지만 새로운 시작을 원하는 행위이기도 하다는 것이 이 영화가 전달하려는 메시지이다.

주인공 라헬은 삶의 최후의 선택으로 자살을 결심하고 자살 사이트에서 자살하는 집을 빌린다. 그 집에는 10개의 선물 상자가 있고, 라헬은 그 안에 들어있는 자살 10계명을 하나씩 이행해나간다. 그리고 마침내 마지막 간계에서 라헬은 삶에 대해 작별인사를 한다.

하지만 다음날 라헬은 또다시 눈을 뜨게 되고, '당신은 다시 태어났습니다!'라는 쪽지를 발견한다. 그리고 비디오를 보게 되는데, 거기에는 그 집을 거쳐 간 수많은 사람들이 남긴 영상 메시지가 담겨있다. 그 메시지는 죽음의 경험을 지나 다시 눈을 뜬 다음에 희망을 찾았다는 내용이다. 라헬 역시 같은 내용의 영상 메시지를 남기고 그곳을 떠난다.

이 영화는 과거의 좌절을 딛고 새롭게 태어난다는 개념으로 자살을 재해석해, 삶의 소중함을 일깨워주고 새로운 희망을 제시하는 감독의 의도가 효과적으로 표현된 작품으로 평가받고 있다.
/취재 윤상은

자신의 팔을 잘라내는 심정으로 편집하라

연출자들이 직접 편집을 할 때 가장 큰 문제는
자신이 힘들게 촬영했기 작품이기 때문에……
과감하게 잘라내지 못한다는 것이다.

pre production – 시나리오 준비, 캐스팅, 촬영 스태프 확정, 장소 헌팅
production – 크랭크인부터 촬영 종료 날까지
post production – 영화 후반작업 편집, 배급, 홍보, 상영

촬영이 잘 마쳤다면 이젠 후반작업 과정이다. 디지털 시대의 장점으로 데이터를 빨리 옮길 수 있다는 점 때문에 현장 편집이 대세를 이루고 있다. 노트북 한 대면 바로 바로 현장에서 컷을 붙여 볼 수 있다.

여건이 되면 현장 편집이 좋겠지만 여기서 여건이란 세트나 한 장소에서 지속해서 촬영을 할 때일 것이다. 로케이션 중에는 현장 편집을 할 수 있는 장소도 사람도 시간도 부족하다.

결국 현장 편집을 포기해야 될 경우가 많다. 선배 연출자로서 바라는 것은 그날 찍은 촬영 데이터를 서치로라도 간단히 확인해보라는 것이다. 특히 다시 찍을 수 없는 장소나 중요한 부분일 경우는 반드시 프리뷰나 촬영 데이터를 확인해야 한다.

편집에 대해 좋은 책들이 많이 있다. 그러나 중요한 것은 편집을 기술적인 테크닉으로 볼 것인지 아니면 감각적인 구성과 느낌으로 볼 것인지에 대한 관점을 세워야 한다.

편집기사라면 당연히 기술적인 편집이 중요하겠지만 연출자 즉 감독의 입장에서는 기술적인 문제보다는 감각적인 문제로 다가가야 될 것이다.

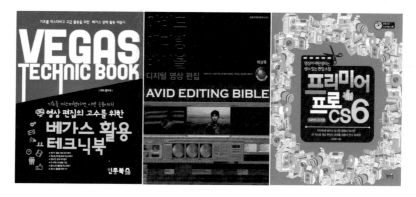

어떤 프로그램을 선택할 것인가도 중요하다. 하지만 자신이 잘 다룰 수 있는 프로그램을 선택하는 것이 가장 중요하다. 편집자가 따로 있을 시에는 편집하는 사람이 가장 잘 적용할 수 있는 프로그램이 좋다.

단편영화 편집에서 가장 중요한 것은 효과를 주고 자막을 넣고 하는 부분이 아니라 단순한 컷을 어떻게 배열하느냐의 문제이다. 후반작업에서 효과를 주거나 특수 CG가 들어갈 부분은 그 부분만 빼서 에프터 이펙트나 3D효과를 입히면 된다.

최근 방송국이나 영화편집은 아비드를 많이 쓰는 추세이고 프로덕션에서 에프터 이펙트나 프리미어를 많이 쓰고 있다. 개인적으로는 베가스를 권해주고 싶다.

정말 빠르고 쉽게 컷 작업을 할 수 있다. 컴퓨터 메모리도 가장 적게 쓰여지고 안정성도 매우 높다. 최근에 회사 HD 편집을 위해 베가스 사용을 위한 컴퓨터를 한 대 조립했는데 모니터 빼고 200만 원 정도가 들어간 거 같다.

편집이란?

기획 단계에서 정해진 콘셉트에 맞게 일련의 상황을 가장 효과적으로 명료화하고 강조하기 위해 사건이나 장면, 샷 등을 선택하고, 연결하고 효과를 가미하는 것을 말한다. 영상편집의 과정은

첫째 필요한 컷을 선택하고,
둘째 선택한 컷을 일정한 차례로 배열하며,
셋째 컷의 정확한 길이의 결정과 샷들 사이의 시선 및 방향의 일치, 각종 비디오 효과를 가미하고 확인하는 것으로 정리할 수 있다.

– 영상미학의 실체 동영상 디자인(문창호)

영화를 편집할 때는 촬영한 사이즈가 얼마이고 편집은 어떻게 할 것이며 출력은 어떻게 할 것인지에 대한 고민을 해보아야 한다.

영상제작 포맷

SD	720 * 480
HDV(720p)	1280 * 720
HDV(1080i)	1440 * 1080
HD	1920 * 1080
2K	2048 * 1152
4K	4096 * 2304

또한 프레임 수도 알고 있어야 한다. 필름은 24p. TV는 30p.

필름은 1초에 24장의 사진이 지나가며 우리의 눈이 영상으로 인식하는 것이다. 드라마나 방송 30p(NTSC) 방식은 국내와 미국에서 주로 사용되고 있고 유럽과 일본, 호주 등은 25p(pal) 방식을 쓰고 있다. 옛날 카메라들은 PAL, NTSC 방식이 나눠서 출시되었는데 최근 사양이 좋은 카메라들은 모든 방식을 지원하기도 한다.

또한 최근 HD의 보급으로 방송이나 드라마에서도 필름룩 스타일의 24프레임으로 촬영하기도 한다. 영화 〈호빗〉 같은 경우는 24p가 아닌 48p로 촬영이 되었다. 1초에 48장의 사진이 지나가는 것이다. 사람의 눈이 인식할 수 있는 최대 프레임 수가 40p라고 한다. 즉 우리가 인식할 수 있는 프레임 수를 넘어갔기 때문에 영화가 판타지처럼 섬세하고 실사처럼 보여지는 것이다. 물론 그에 따른 제작비는 2배로 더 들어갔다고 한다.

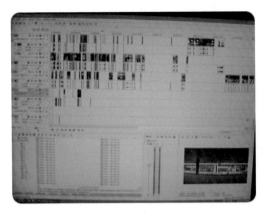

1차 컷 편집을 했더니……
1시간이 나왔다……
무엇을 찍은 것일까?
고민을 뒤로한 채……
몇 달이라는 시간이 지났
다……
- 〈초대〉 편집 중

〈초대〉는 1차 가편 후 1시간이라는 독립 장편이 탄생했다. 물론 30-40분 정도 러닝타임을 생각하고 찍긴 했지만 특별한 인물도 없이 주인공 하나로 1시간을 끌고 가기엔 사건도 긴장감도 없었다.

제자들 졸업영화나 독립영화 공모전에서 작품을 보면 정말 아쉬운 첫 번째가 너무 길다는 것이다. 단편을 짧게 압축을 해야 되는데 너무 설명적이다. 두 번째는 굳이 넣지 않아도 될 컷들이 많다는 것이다. 흔들리거나 연기가 이상하거나 잘 촬영되지 못한 컷들을 빼면 좀 더 완성도가 높아질 텐데……

연출자들의 대부분의 문제는
힘들게 찍은 자기 작품이기 때문에
과감하게 편집을 하지 못한다.
아까워서 버리지 못한다는 것이다.

1시간을 40분으로 20분을 쳐내고……
어제 1차 상영을 했다.
문제시되는 부분이 대사 한 마디도
없는 긴 시간!!
시간을 25분 안쪽으로 줄이고
무성영화 분위기 자막을 사용하기로 결정했다.
– 모니터 중인 성영 연기자

편집본을 보고 만족은 하고 갔지만……

출품은 점점 늦어지고 있다.

하지만 작품에 대한 나의 감성은 점점 깊어가고 있다……

– 〈초대〉 편집 중 남겼던 글

〈초대〉는 1차 가편편집은 1시간의 분량이 나왔다. 간단히 촬영감독과 나와 1차 시사회를 했다. 문제는 1시간이라는 지루함이었다.

2차 편집 40분으로 분량을 줄인 후 2차 시사회를 했다. 시사회 때는 스태프들과 주인공을 불러서 작품을 보여주었다. 우선 40분의 지루함과 연기자의 발성부분이 너무 어색해서 그 부분의 해결이 가장 중요했다.

3차 편집 30분으로 줄임. 3차 시사회를 실시. 롱테이크로 촬영된 부분 중 한 부분만을 제외하고 점프 편집 결정. 주인공의 엔딩 대사 부분을 제외하고 다 쳐내기로 결정.

4차 편집 18분으로 줄임. 4차 시사회. 이해가 약간 어렵고 진행이 빠르다. 너무 짧게 줄인 거 같다는 의견이 많음.

5차 편집 21분 최종본.

물론 편집이 5차에서 끝난 것은 아니다. 그 후로 디테일을 잡느라 엄청난 시간이 들어갔다. 이렇게 1시간 장편이 21분이라는 2/3를 줄이는 편집 과정이 진행된 것이다.

영화제에 가려면 이정도 고생은 해야 한다.

혼자 골방에 앉아서 1달 동안 편집을 마쳤다고 딱 꺼내오고 끝나는 것이 아니라 그때부터가 시작인 것이다. 작품에 참여한 스태프에게도 코멘트를 받고 다른 여러 사람에게 코멘트를 받아서 편집의 방향성을 잡아야 한다.

우리 학교 3학년 학생들도 매년 졸업영화제를 하는데 영화제 때 보면 편집이 아쉬운 부분들이 보인다. 항상 내가 "여기랑 이 부분을 빼고 저 부분은 좀 살리고 해서 영화제에 출품하렴." 코멘트를 해주는데도 수정을 하는 연출자는 거의 없다. 편집에서 아웃풋 한 번 뽑으면 끝이라고 생각하기 때문이다.

예술에서 끝이라는 것은 없다.

항상 더 다듬고 좀 더 붙이고 해서 미완성된 작품을 최대한 완성품으로 만들어가는 과정일 뿐이다. 이렇기 때문에 영화 프리단계와 제작단계보다 마지막 편집단계가 가장 힘들고 고된 자신과의 싸움이다.

항상 내 작품을 편집할 때 큰 도움을 주었던 스태프가 이은선 감독이다. 이은선 감독은 다른 사람의 작품이나 극장에서 영화를 보면 객관적으로 비평을 잘하는 친구였다. 우리 주변에 보면 이런 친구들이 항상 한둘은 있다. 때론 쓴 소리를 잘하는 친구들의 소리에 집중할 필요도 있다.

에프아이필름 스태프 중 유일한 홍일점이 이은선감독이다. (상단 3번째 사진)

이은선 감독이 없었다면 정말 나의 작품에 후반작업의 방향성은 없었을 것이다. 항상 거침없이 조언과 문제점들을 말해주었다. 나는 이것을 토대로 재편집을 하며 작품의 완성도를 높여 갈 수 있었다. 〈초대〉에서도 러닝타임을 과감히 줄여야 된다고 강력히 주장 했던 것도 바로 이은선 감독의 생각이었다.

자신의 팔을 자르지 못한 연출자는 절대 영화제에 갈 수 없다.

연출자들은 기억해야 한다. 편집은 혼자 하는 것이 아니다. 자기만의 고집에 빠져서 헤매지 말고 우선 간단히 1차 가편을 한 후 주변 스태프와 지인들에게 시사회를 하며 방향성을 잡아가야 한다. 찍은 것이 아까워 절대 잘라내지 못하고 있다면 다른 편집자를 써서 객관적인 눈으로 영화를 바라보게 해야 한다.

촬영이 잘 안 된 부분, 너무 설명적인 부분, 일상적인 부분, 극의 흐름에 큰 영향이 주지 않는 부분, 연출자가 최종 편집본에 최소 20% 이상은 더 버려야 할 부분이라는 것은 기억해야 한다.

나도 너처럼 이곳에 왔을 땐 죽으려고 왔어.

죽고 싶은 만큼 니 맘이 어떨 거라는 거 알아.

그런 널 생각하니깐 가슴이 아프다 근데 다시 살 기회를 줬어.

난 기회를 얻었기 때문에 다시 태어났어.

너무 기쁘고 내가 얼마나 소중한지 알게 됐어.

내 안에 소망들도 생겨났어.

너도 이제 빛을 보고 소망이 생겨나고 다시 태어날 거야.

힘내!

– 〈초대〉 대사 중

〈영화이론〉
– 작가주의 영화

작가주의란 용어는 프랑스의 영화감독이자 이론가였던 프랑수아 트뤼포가 영화비평 전문잡지 〈카이에 뒤 시네마〉(1954.1)에 발표한 일종의 영화이론이었다. 이 용어가 60년대 이후 번역, 소개되면서 국제적인 비평 용어로 널리 사용되기에 이르렀다.

작가주의 영화는 영화적인 컨벤션을 거부하는 데서 시작한다. 이때 작가란 시나리오 작가가 아니라 영화감독을 가리키고 있다. 즉, 작가주의 영화는 비장르 영화, 작가예술 영화, 감독의 개성과 독창성이 중시되는 영화를 뜻한다. 작가주의 영화의 특징은 다음과 같이 세 가지로 요약될 수 있다. 첫째, 독자적인 견해와 방식을 창출함으로써 관습을 변형하거나 장르를 생성한다. 둘째, 영화가 제기하는 문제들을 단순명쾌하게 해결하지 못한다. 셋째, 감독은 스튜디오의 조건을 지배한다.

작가주의를 처음으로 제창했던 트뤼포의 영화, 이를테면, 어린 시절의 자전적 체험을 영화화한 〈사백번의 구타〉(1958), 영화의 음악적 요소를 강조한 〈피아니스트를 쏴라〉(1960), 세 사람 남녀 간의 비극적인 사랑을 묘파한 〈줄과 짐〉(1961) 등의 경우도 작가주의 영화라고 할 수 있다. 그는 형식에 얽매이지 않는 자유분방한 연출 스타일을 시도해 작가주의 이론이 누벨바그 운동으로 이어지는 교량 역할을 했다.

작가주의 영화는 낯 익는 관습보다는 실험정신을 추구하기 때문에 철저한 비대중성을 지향한다. 대신에 이 영화는 영화를 예술적 의식의 소산으로 간주하면서 진지한 주제와 자유로운 양식을 좇는다. 신뢰할만한 영화감독이라면 개성적인 표현과 창의적인 연출에 자신의 열정을 바치지 않을 수 없다. (송희복)

참고문헌

윌리엄 캐드버리 외, 정일몽 역, 『영화비평』, 영화진흥공사, 1998.
송희복, 『영상문학의 이해』, 도서출판 두남, 2002

용기는 생명을 해칠 때 필요한 것이 아니라

생명을 살릴 때 필요한 거야.

– 〈호빗 뜻밖의 여정〉 대사 중

: 15 :

〈사면초가〉 연출자 **김민용** 감독
인터뷰

이 작품 통해 말하고자 하는 감독의 의도가 무엇인지
정확한 초점을 두고 연출했으면 좋겠다. – 김민용 감독.

김민용
FilmN 감독
동국대학교 영화제작 석사

동부생명, LG전자, SM, 프로스펙스 '김연아' CF 등 홍보영상 제작

독립 단편영화 〈홈런볼〉 감독
　– 제1회 한국 케이블TV방송협회 디지털 영상공모전 우수상
　– C&M 케이블 TV 방영
　– CBS 경인 TV 방영
　– TBS 교통방송 TV방영

독립 단편영화 〈유리거울〉 감독
　– KT&G 상상마당 단편부분 본선
　– TBS 케이블TV 방영

독립 단편영화 〈사면초가〉 감독
　– 2005 도쿄비디오페스티벌 특별상
　– 제3회 한국영상예술협회 UK국제영상페스티벌 장려상
　– OBS 경인TV 방영
　– TBS 교통방송TV 방영
　– 제6회 KBI영상공모전 대상(문화부장관상 수상)

독립영화 〈뚜룽뚜룽〉, 〈She..〉, 〈2005지하철역〉, 〈초대〉 촬영감독

〈사면초가〉 연출의도

"내가 그때 XX했더라면…… 내가 그때 XX하지 않았더라면……"

인생을 살면서 수없이 반복하는 후회와 아쉬움들, 만약 시간을 돌려 다른 선택을 할 수 있다 한들……
과연 당신은 당신이 원하는 결과 혹은 기회를 얻을 수 있을까?

〈사면초가〉는 위의 질문처럼 사람들이 흔히들 내뱉은 말처럼, "내가 만약 XX했더라면 XX할 수 있었을 텐데……"라는 알 수 없는 기대의 의심에서 시작되었다.
과연 과거의 다른 결정이 현재, 혹은 미래에서 반드시 더 나은 결과를 가져올 수 있다고 누가 장담할 수 있겠는가?

개인의 선택과 결정이 사회라는 큰 울타리 안에서 별다른 영향력을 갖지 못하게 되는 것은 필연적으로 사회 시스템이 결코 용납하지 않기 때문이라는 가정에서 〈사면초가〉는 시작된다.

주인공이 소매치기를 피하기 위해 어떤 결정을 내리더라도 그 결과는 다르지 않다는 내용을 통해 문제를 꼬집으면서 결국 어디로도 피할 수 없는 사면초가의 상황을 블랙코미디 장르를 통해 연출하였다.

Q1. 〈사면초가〉의 시나리오는 어떻게 쓰여졌나요?

〈백 투 더 퓨쳐〉와 같은 시간을 다루는 영화에 관심이 많았다. 모티브는 이휘재가 출연한 코믹드라마 '인생극장'에서 시작된다. '인생극장'은 주인공이 한 가지 선택 앞에서 A와 B로 나눠지는 이야기를 선택에 따른 결과를 보여주는 작품이다. 나는 이 선택이라는 포맷을 가져오고 평범한 우리의 삶을 사는 소시민의 모습을 담아보고 싶었다.

Q2. 처음부터 화면 분할을 염두에 두고 촬영을 한 것인지?

인생극장과는 다른 차별성 있는 영상미를 추구하고 싶었다. 물론 요즘은 세로화면 분할이나 역 분할 여러 가지 분할로 제작된 작품들이 아주 많다. 〈사면초가〉는 2004년 제작된 작품이다. 당시로써는 화면 분할로 제작된 작품 자체가 많지 않았으며 독립영화에서는 최초 시도라 하여도 과언이 아니다.

Q3. 인서트 장면들이 독특한데 영상삽입은 원래 의도였는지?

원래 계획된 부분은 아니었다. 편집 중에 화면구성을 좀 더 다양한 각도에서 보여주고자 삽입하게 되었고, 또 한 가지는 컷을 바꾸지 않고 인서트 화면처리를 통해 영상의 흐름을 끊지 않고 보여줄 수 있게 되었다. 특히 본 작품은 A와 B상황을 각각 보여주기 때문에 그 흐름이 깨지면 관객입장에서 혼란과 이해를 놓치지 않을까 고민하던 중에 편집 후반작업을 통해 완성되었다.

Q4. 촬영 장소와 캐릭터에 대해 설명한다면……

촬영장은 우리가 사는 인생의 축소판과 같다. 건널목은 우리의 생활 현장이고 신호등은 우리가 매순간 선택해야 하는 갈림길과 같은 것이다. 등장인물 중 주인공은 정말 소소하게 살아가는 평범한 우리의 모습이고 경찰관은 공권력을 이용해 사람들을 괴롭히는 설정이며 사이비 신도는 사람들을 눈 속여 잇속을 챙기는 사기꾼들과 같은 인물들이다. 예비군은 다른 사람들이 보고만 있을 때 용기를 내어서 도와주는 우리 사회의 숨어 있는 정의를 표현하는 사람들과 같다. 마지막으로 여자 주인공 두 사기꾼과 같은 인물이다. 결국 주인공을 제외한 대부분의 사람들이 다른 사람에 헤를 입혀 이득을 챙기려는 사람들뿐이다. 나는 우리 사회가 정의롭고 약자의 편에 대변하지 못하고 항상 소시민들이 상처받고 아파하는 모습들이 어쩌면 이 영화의 단편 속에서도 그려지는 것이 아닐까 생각되었다.

Q5. 어린이들의 등장은 무슨 의미인가요?

아직 사회를 경험하지 못한 순수한 아이들의 모습을 보여주고 싶었다. 그리고 저 아이들에게 성인의 한 사람으로서 따스하고 행복한 미래를 보여주고 싶었는데…… 작품의 결말은 좀 아이러니하다.

Q6. 엔딩 씬이 좋다는 평을 많이 받았는데 어떤 연출의도가 있는지?

엔딩 씬은 영화의 연속성과 함께 우리의 사회의 체제가 반복되고 있다는 모습을 보여주고 싶었다. 소매치기는 계속 소매치기 역할을 하고 있고 모금함을 든 청년은 계속 종교를 팔아 이득을 챙기고 있다.

A, B 상황을 보고 관객들에게, '너에게 선택을 강요하는 질문이지만, 어쩔 수 없이 선택을 해야 되지만 결론은 이미 똑같이 피해를 볼 수밖에 없다' 라는 우리 사회의 현실을 비판적 관점에서 보여주고 싶었다.

Q7. 독립 단편을 준비하는 후배들에게 한 마디 남긴다면……

〈사면초가〉를 제작할 당시 2004년도에는 영화를 한 편 찍는다는 것이 정말 어려운 일이었다. 장비도 비싸고 같이 영화를 찍으려는 사람조차 많지 않던 시절이다.

2014년 영상시대를 살고 있는 오늘은 누구나 가지고 있는 핸드폰을 가지고도 HD영화를 찍을 수 있는 시대에 있다.

이런 좋은 여건 속에서 기술적인 부분에 너무 초점을 맞추기보다는 여러분이 진실로 하고 싶은 이야기가 무엇인지 생각했으면 좋겠다. 또한 이 작품 통해 말하고자 하는 감독의 의도가 무엇인지 정확한 초점을 두고 연출했으면 좋겠다.

왼쪽이 홍승일 조감독, 가운데가 김민용 감독, 우측이 본인이다.

　김민용 감독과 나는 1998년도에 처음 만났다. 군 입대를 먼저 한 김민용 감독의 휴가 날짜에 맞춰 단편을 찍기도 했다. 그리고 내가 군대를 갔을 때 김민용 감독이 제대를 해 촬영과 편집을 공부하고 있었다. 이 사진은 2003년도 자취방 겸 사무실로 쓰던 논현동 반지하 원룸에서 촬영했던 사진이다.

　에어컨도 없던 논현동 반지하 원룸에서 더위와 싸우며 편집을 했다. 그 해 여름은 어찌나 덥던지 낮에 너무 더울 때는 집 앞 편의점에서 아이스크림(빠삐코)를 하나씩 입에 물고 30여 분간 편의점 에어컨 밑에서 몸을 식히기도 했다. 점심은 집 앞 한솔도시락 1,650원짜리 기본세트를 먹었고 1주일에 한 번은 목에 기름칠을 해주자며 단돈 만 원에 고추장 삼겹살 2인분과 공기밥 2개를 시켜 먹으면서도 너무 행복했다.

당시 극한 어려움 속에서도 행복할 수 있었던 이유는 우리의 영화가 조금씩 완성되어 가고 있었고 우리의 꿈도 영화와 함께 완성되어 가고 있었기 때문이다.

이런 얘기를 하면 보릿고개 시절 얘기한다고 할 수도 있을 것이다.

꿈과 끈기가 없으면 안 된다.

여름에 사무실에 에어컨을 켜도 편집용 컴퓨터를 많이 돌리면 사무실이 온도가 떨어지지 않는다. 조금만 더워도 덥다고 난리치는 20대를 바라보면서 '때론 헝그리 정신도 필요하지 않을까?' 하는 생각이 든다.

그때의 한이 남아 있어서일까? 지금은 후배들과 제자들에게 아끼지 않는 것이 '먹는 것'이다. 지금 여유 있는 내가 힘들게 영화를 공부하는 후배들에게 해줄 수 있는 작은 보탬이라고 생각한다.

한국영화진흥위원회 '불법다운로드 근절을 위한 캠페인' 촬영 중

캐릭터 특징을 통해 알아보는
〈사면초가〉

영상공모전에서는 다른 작품에서 아직 시도하지 않은 것을 촬영해야 한다.
그것이 바로 창의성이고 저예산으로 새로운 것을 촬영하는 것이
바로 독립영화이자 도전 정신이다.

영화제나 큰 공모전에서 상을 받으려면 기승전결이 뚜렷하고 사건으로 인한 갈등과 반전이 있어야 한다고 생각한다. 물론 단편에서 기승전결이 중요하고 사건으로 인한 갈등, 반전이 중요하다. 하지만 이 모든 것을 갖추려면 단편으로 최소한 15분 이상의 시간이 필요하다.

요즘 추세는 초단편이 대세이며 점점 단편의 묘미인 생략과 짧은 스토리의 압축이 중요한 포인트이다.

〈사면초가〉의 러닝타임은 오프닝 엔딩 다 포함해서 9분 40초이다. 이 짧은 단편이 어떻게 그 많은 영화제와 공모전에서 대상을 받을 수 있는지? 영화를 연출하는 감독이라면 반드시 그 이유를 알고 넘어가야 한다.

어쩌면 〈사면초가〉 이 작품만 잘 이해해도 충분히 이 책에서 얻을 수 있는 모든 것들을 얻을 수 있을 것이다.

〈사면초가〉 '스테디 캠 촬영 중'

작품촬영은 김민용 감독의 집 근처인 목동 방송회관 주변도로에서 촬영을 했다. 유난히 더웠던 날로 기억한다. 이날 스테디 캠 촬영을 하고 나서 4일 동안 장염과 몸살로 누워 있었다.

그러면 가장 중요한 주인공에 대해서 알아보자.

주인공은 이우범 군이 연기를 했다. 나와 같이 경희대 언론정보대학원에서 영상을 전공했고 현재 미디어 분야에 일하고 있다. 당시 파마 머리를 하고 다녀 캐릭터가 확실해 보여 우리 주변에서 캐스팅하기 가장 적합한 인물이라고 생각했다. 특히 연기를 전공해서 오버액션보다는 자연스러우면서 살짝 어색한 느낌의 연기가 일반인들의 삶을 표현하는데 더 어울릴 것이라 생각했다.

　사건의 발단은 바로 모금함을 들고 다니는 사이비 신도와의 만남으로 부터 시작된다. 요즘은 많이 사라졌지만 한동안 횡단보도 앞에서 모금함을 들고 다니는 노인들을 수없이 보았었다. 그리고 이 부분부터 화면 분할이 시작된다. 편집과정을 지켜보았지만 최초 시나리오부터 화면 분할이 예시되었던 것은 아니다. 후반과정에서 아이디어를 찾던 중 화면 분할을 했던 것이다. 특히 두 가지 상황을 보여주어야 되는 〈사면초가〉 시나리오와 화면 분할이 정확이 맞아 떨어졌다.

독립영화제와 영상공모전에서는
다른 작품에서 아직 하지 않은 것을 시도해야 된다.

　그것이 바로 창의성이고 저예산으로 새로운 것을 도전하는 것이 바로 독립영화 정신이 아닐까 생각된다.

물론 당시엔 화면 분할이 많이 있지 않았기 때문에 가능했던 것이다.

〈사면초가〉 이후에 뮤직비디오에서나 영화에서 화면 분할이 많이 사용되었기 때문에 지금은 추천을 하고 싶지는 않다. 하지만 김민용 감독과의 인터뷰에서 나온 중간 인서트 컷 삽입 방법은 앞으로 독립영화에서 액션이나 사건이 빨리 전개되는 시나리오에 사용해도 아주 좋을 거 같다.

기부금을 주었을 때 A상황 ⇒ 빨강색 ⇒ 횡단보도를 못 건넘
⇒ 소매치기를 목격하고 잡음 ⇒ 경찰과 함께 같이 이동함
⇒ 경찰과 소매치기 일당에게 돈을 뺏김

기부금을 안 주었을 때 B상황 ⇒ 녹색 ⇒ 횡단보도를 건넘
⇒ 소매치기를 당함 그리고 쫓아가 잡음 ⇒ 여자와 함께 이동함
⇒ 발목을 다친 여자에게 소매치기를 당함

두 가지 상황으로 나눠진다.

이 영화의 포인트는 우리는 인생을 살면서 후회할 때가 많다. 그때 그 일을 했어야 하는데…… 또는 그때 그 일을 하지 말 걸…… 등 하지만 영화는 주인공이 A, B 어떠한 선택을 했든 약간의 과정만이 달라질 뿐 지갑을 뺏기는 똑같은 결론에 도달한다. 영화는 철저하게 사회의 약자의 모습을 다루고 있기 때문이다.

그러면 〈사면초가〉에 나오는 주인공 외 주변 캐릭터에 대해 분석해보자.

소매치기 역 – 극중 이 역할은 확실히 우리 사회의 악인 존재이다. 다른 사람의 지갑을 털어 먹고 사는 인간. 하지만 중요한 건 이 캐릭터는 정확한 노선이 있다는 것이다. 경찰이나 종교인처럼 위장하고 있지 않고 대놓고 나쁜 짓을 하는 부류이다. 극중 연기는 봉준호 감독의 〈마더〉 조감독을 거쳐 〈해무〉 조감독을 하고 있는 문대영 감독이다. 문 감독은 대학시절 영화에 대해 특별한 흥미가 없었지만 김민용 감독의 단편을 잠깐 도와주러 촬영 현장에 왔다가 영화의 매력에 푹 빠져 영화의 길을 걷기 시작했다.

사이비 종교인 - 종교인을 탈을 쓰고 자기의 이익을 챙기는 무리들. 한때 사회에 큰 문제가 되었던 특정 이단교들. 집단자살, 감금, 살인, 가짜약 판매등 사회의 착한 사람들의 아프고 약한 마음을 교묘하게 속여 이익을 챙기는 무리이다.

부패경찰 - 물론 극중에서는 이 사람이 진짜 경찰인지 옷만 입은 가짜인지는 나오지 않는다. 시민들을 보호하고 지켜야 하는 의무가 있는 경찰이 오히려 폭행과 협박을 일삼는 경우도 가끔 있다. 부패경찰은 상업영화에서도 종종 사용되는 캐릭터이기도 하다.

소극적인 시민 – 사건을 보고는 있지만 행동하지 않고 소극적 자세를 취하는 이들. 자신에게만 피해가 오지 않으면 괜찮다는 시민의식 없는 현대인. 지켜보고 놀랄 뿐 아무런 행동을 취하지 않는다.

적극적인 시민 – 항상 모든 일에 앞장서고 나라와 국민을 위해 몸을 던지는 정의로운 시민 그들이 있기에 이 사회와 나라의 정의가 있는 것이다. 이런 사람들은 전쟁이 나도 묵묵히 총을 메고 나라를 위해 한 목숨 바칠 사람들이다. 김민용 감독이 직접 열연했다.

외국인 – 걱정은 되고 소매치기인 것을 알고는 있지만 절대 행동하지 않는 부류. 당시엔 이 캐릭터가 맞지만 현재는 방송에 출현하는 외국인 중 독도나 위안부 문제 등 민감한 사항에 대해 자신의 의견을 표현하는 사람도 많아 졌다.

He is a bloody pickpocket, pickpocket. What the

예비군 – 아이스크림을 먹으면서 편의점을 나오다가 극중 상황을 보고 달려오는 예비군. 평범해도 시민을 지키기 위해 적극 행동하는 예비군의 현 모습을 잘 보여준다. 영화 속 소매치기가 예비군 때문에 망쳤다고 말하는 대사가 극중 상황을 더욱 잘 표현하고 있다.

북한이 한국을 못 쳐들어오는 이유 중 하나가 예비군이라는 농담 반 진담 반 이야기가 있다. 군인도 민간인도 아닌 어설픈 모습을 한 예비군이지만 진정 나라가 위급할 때 싸울 수 있는 진정한 국민이 아닐까?

미디어 – 어느 한쪽으로 치우치는 것이 아니라 현 시대의 문제점과 문제를 정확히 파악하고 시민에게 전달해야 한다. 누가 옳고 틀렸다 말하기 보단 시민들이 보고 판단할 수 있게 정확하고 객관적인 정보제공을 해야 한다.

다시 영화로 돌아와서 사건을 진행시켜 보자.

Hey~ he's here, here!

A상황

기부금을 주었을 때 A상황 ⇒ 빨강색 ⇒ 횡단보도를 못 건넘
⇒ 소매치기를 목격하고 잡음 ⇒ 경찰과 함께 같이 이동함
⇒ 경찰과 소매치기 일당에게 돈을 뺏김

소매치기를 목격하고 붙잡은 상황이다. 외국인은 촬영 중에 놀라서
지켜보다가 출연을 시켰고 당시 주변에 진짜 사건인 줄 알고 쳐다보는
사람도 많았다. 낮 촬영이기 때문에 특별한 조명장비는 쓰지 않았다.
카메라 2대로 한 대를 메인으로 촬영하고 세컨 카메라로 주변 인물들
을 촬영했다.

연출 경험이 많은 사람들은 카메라가 여러 대가 있는 것이 편할 수도
있지만 그렇지 않다면 오히려 독이 될 수 있다. 만약 2대를 운영할 수
있는 상황이면 감독은 한 대로 메인촬영을 진행하고 세컨 카메라는 자
유롭게 촬영을 시키는 것도 하나의 방법이다.

〈사면초가〉 세컨 카메라 앵글

　물론 세컨 카메라에 많은 것을 기대할 수는 없지만 컷이 안 붙을 때
쓸 컷을 찾거나 싸이드 컷이나 로우 앵글 등 메인에서 표현하지 못하는
색다른 앵글들을 통해 중간 중간 화면의 변화를 줄 수 있다.

A상황 주인공은 함께 경찰서로 가서 시민상을 받아야 된다는 말에 함께 걸어간다. 그리고 증인으로 사이비 종교인도 함께 한다. 컷으로 표현하기엔 영화의 흐름이 끊길 것 같아 스테디 캠으로 자연스럽게 처리했다.

〈사면초가〉 스테디캠 앵글

B상황으로 넘어가보자.

기부금을 안 주었을 때 B상황 ⇒ 녹색 ⇒ 횡단보도를 건넘
⇒ 소매치기를 당함 그리고 쫓아가 잡음 ⇒ 여자와 함께 이동함
⇒ 발목을 다친 여자에게 소매치기를 당함

주인공은 소매치기와 싸움이 붙었다. 그리고 멀리서 지켜보던 경찰과 사이비 신도는 수신호를 하며 주인공에게 다가가고 있다.

앞에서도 이야기했지만 가장 중요한 것은
극의 흐름과 연출자가 말하고자 하는 작가의도이다.

물론 이 작품에서 가장 아쉬운 부분이 소매치기와 주인공과의 액션 부분이다. 지금 같아선 액션 팀을 잠깐 불러서 대역촬영을 하든지 합이라도 맞춰서 찍었으면 좋았을 것이라는 하는 생각이 들지만 당시의 여건은 그렇지 못했다.

액션의 질의 높고 낮음이 결코 연출력보다 우선시되어서는 안 된다.

예비군의 출연으로 경찰은 소매치기를 데리고 사라진다. 그리고 주인공은 여자에게 지갑을 다시 소매치기 당하면서 B상황이 종료된다.

영화제에서 심사위원들이 군인과 경찰과의 관계에 대해서 의미 깊게 보았던 거 같다.

영화에서 국가나 공무원 주류사회를 비판할 때는 절대 직접 비판해서는 안 된다. 간접 풍자나 비유 또는 코믹한 요소 등을 통해 가볍게 생각을 전해야지 그 의미가 함축되고 좋은 평을 받을 수 있다.

영화가 A, B 상황만을 보여주고 끝났다면 대상의 영광을 얻을 수는 없었을 것이다. 항상 중요시하는 기승전결을 마무리 하고 에필로그 부분을 추가 촬영했다.

리포터가 나와서 카메라를 보고 방백을 한다. 방백은 연극의 한 용어로 주인공과 관객들만이 주고받는 대화이다. 영화에서는 잘 사용되지 않는다.

방백 – 연극에서, 등장인물이 말을 하지만 무대 위의 다른 인물에게는 들리지 않고 관객만 들을 수 있는 것으로 약속되어 있는 대사

영화 용어로는 텐션 투 카메라(Tension to Camera)라고 한다.

지금 당신이라면 건너시겠습니까?

관객에서 직접 질문한다. 영화는 코믹하게 풀었지만 마지막 부분의 이한 마디는 이 작품의 무거움을 더해준다. 당신이라면 이런 주인공의 상황에서 어떤 행동을 선택할 수 있겠냐고……

이 엔딩 에필로그의 묘미는 방백 한 마디와 함께 한 컷 롱테이크로 촬영되었다. 이 롱테이크 속에는 코믹과 사건은 여전히 계속되고 있다는 삶과 영화의 연속성을 말해주고 있다. 그리고 롱테이크로 작품의 촬영과 연출력 또한 높여주었다.

리포터에게 기부를 요구하는 사이비 신도 – 소매치기를 발견하는 적극적인 시민 – 소매치기가 던지고 간 모자를 주워들며 기뻐하는 사이비 교주 '또 한 건 했는데…… 형님 가시죠!' – 프레임아웃.

롱테이크 에피소드 한 장면이 이 영화를 문화부장관상까지 받게 해준 것이었다. 강한 메시지와 배우들의 동선, 그리고 진지한 상황을 코믹하게 연출한 감독의 역량이 매우 높게 평가 되었다. 그리고 우리 사회에서 이러한 사건은 계속 진행되고 있다는 영화의 연속성 또한 잘 표현했다.

〈영화이론〉

특수촬영기법

1. 텐션 투 카메라(Tension to camera)

영화 장면에서 배우들은 일반적으로 카메라를 직시하지 않는데, 그것은 관객에게 배우가 카메라에 의해 당황하거나 화면 속 다른 배우보다는 관객을 보는 것을 의미하기 때문이다. 하지만 감독은 특별한 효과를 위해 텐션 투 카메라를 이용할 수 있다. 배우들로 하여금 카메라를 직시하여, 관객들을 불편하거나 긴장하게 할 수 있다. 또한 텐션 투 카메라는 특정 쇼트나 카메라 설정을 통해 관객의 관심을 끌어들일 수 있다.

〈양들의 침묵〉은 연기자들의 카메라를 직시하는 다수의 카메라 설정을 포함한다. 특히 주인공 '하니벌 렉터'가 관객을 직접 응시하는 장면은 의도적으로 관객을 불편하게 한다.

2. 포탈(Portal)

포탈은 어떠한 종류의 장치를 거쳐 투영된 현실을 보는 방법 중 하나이다. 텔레비전을 보는 것은 현실을 보는 것이다. 그러나 보고 있는 것이 실제는 아니다. 그것은 단지 다른 누군가의 관점이 담긴 표현을 수용하는 것에 불과하다. 즉 다른 사람의 세계로 연결된 창구로서 말이다.

영화 〈트루먼 쇼〉에서 트루먼의 일거수일투족이 수백 대의 숨겨진 카메라를 통해 보여 진다. 우리는 영화 속에 또 다른 카메라를 통해 비쳐진 영상을 보게 되는 것이다.

출처: 제레미 바인야드 『샷의 기법』, 76p

3. 실루엣(Silhouette)

실루엣은 영화 속 인물이 강한 역광을 등지고 있을 때 만들어진다. 그래서 인물의 형태와 표정이 어두워지거나 심지어 완전히 검어진다. 강한 저녁 놀 앞에서 실루엣으로 변한 한 남자의 모습처럼 이 기법은 인물과 그를 둘러싼 주변 세계를 대조시킨다. 실루엣은 자주 예술적인 표현을 위해 쓰인다.

Tip: 단편에서 어설프게 사용할 경우 조명장비의 부재나 카메라 컨트롤 부재의 느낌이 든다. 실루엣을 사용할 때는 확실한 느낌이 나도록 대상자를 완전 어둡게 표현해야 한다.

출처: 제레미 바인야드 『샷의 기법』, 85p

: 17 :

재촬영은 없다
하지만 추가촬영은 필수이다

작품을 찍었는데 추가촬영이 없다면 무조건 의심해보라.
추가 촬영 할 부분이 없는 것이 아니라 발견을 못한 것일 뿐이다.

연출자라면 재촬영에 대한 부담감이 있다. 또한 촬영이 끝났을 때쯤에는 연기자와 어느 정도 사이가 안 좋아진 상태로 감정이 남아 있을 수 있다. 그런 상태에서 한 달 후 재촬영을 요구하는 것은 매우 힘들다. 앞에서 한 번 얘기했었는데 항상 촬영이 마친 후 편집하면서 추가촬영이 반나절 정도 있을 거라고 미리 얘기하면 후에 촬영하기가 매우 편하다. 오프닝, 엔딩에 대한 추가촬영은 필수이며 중간 중간 부족한 부분은 편집본을 보면서 시나리오를 추가로 구성해야 된다.

강원도 철원 백골부대 교관시절

나는 2001년 대학을 졸업하고 ROTC로 임관을 해서 보병 병과를 받고 최전방 철원으로 배치 받아 군 생활을 했다. '장교로 근무해서 편했겠네요?'라고 묻는다면 장교도 장교 나름이지 전방 부대 초급간부는 간부 취급을 받지 못한다. 정훈장교로 병과를 받아 사진기를 하나 들고 편하게 군 생활을 할 것이라고 예상했던 것과는 다르게 철원으로 군복무를 해야된다는 것이 매우 충격적이었다. 임관 후 전라남도 장성 보병학교로 4개월 동안 병과 훈련을 받았다. 모든 장교들은 자기가 근무할 부대 특성과 병과 특성에 맞추어서 교육을 받는다. 전방 보병 부대와 특전사로 가는 장교들은 정말 그 훈련의 강도를 말로 표현할 수 없다. 신병교육대에 훈련이나 사단에서 실시하는 유격훈련과는 비교하기 힘들다.

정말 독하게 받았다. 아침구보도 처음엔 20분이었지만 점점 늘려가서 한 달 후엔 1시간씩 뛰었다. 산에 오를 때도 처음엔 단독군장 1달 후엔 군장 그리고 군장의 무게도 점점 늘려갔다. 이렇게 체력훈련을 하고 전방에 갔더니 체력 하나는 최고였다.

하지만 군복무를 한 사람이라면 누구나 알겠지만 군인이 힘든 것은 훈련이나 근무 체력적인 부분이 아니라 심적인 외로움이다. 하루하루 바쁘게 지나갈 때는 몰랐지만 군 생활에 조금씩 자리가 잡힐 때마다 찾아오는 외로움을 그 깊이를 더해갔다.

외로움이 찾아올 때마다 제대 후 꼭 장편영화를 찍으리라 결심하며 마음을 추슬렀다. 전역이 1년을 남기고 시나리오를 쓰기 시작했다. 그 때 쓴 시나리오가 바로 장편영화 〈i(아이)〉였다. 이 작품은 후반 편집과 정에서 〈2005 지하철역〉으로 제목이 바뀌게 된다.

물론 제대 후 장편을 바로 찍기에는 두려움이 앞서 단편 〈뚜릉뚜릉〉을 연출하고 중편 〈She..〉를 연출한다. 그리고 2003년 12월 24일 강남역 지오다노 맞은편 수많은 인파속에서 로드 촬영으로 크랭크인한다.

아직도 그 떨림과 설렘은 이루 말할 수 없다. 제작지원은 받지 못했지만 앞에서 찍은 작품에서 수상한 상금과 약간의 여분의 자금으로 장편영화 촬영에 들어간 것이다. 돌아보면 그때 열정과 용기, 정말 내가 생각해도 대단한 것 같다.

만약 지금 장편을 찍으라면 걸리는 게 많다.
예산 잡고 장비 챙기고 시나리오 각색하고 스텝 구성하고……

사람은 생각이 너무 많으면 행동에 옮기지 못한다.

때론 행동하면서 생각하고 앞으로 나아가면서 방향을 계속 수정하는 것도 인생의 한 지혜이다. 그냥 그때는 스태프가 부족해도 준비된 것이 부족해도 카메라 한 대와 연기자만 있으면 촬영을 했다

부족한 보조출연자는 항상 주변에서 지나가는 사람들을 섭외했고 지하철 씬을 찍다가 발견한 초등학생 아이는 바로 캐스팅해서 그 다음날 주인공의 동생 역할로 출연시켰다.

특히 젊은 20대의 시절에는 과감히 도전하라고 말하고 싶다.

2003년 12월 24일날 크랭크인을 해서 해를 넘겨 2004년 2월 중순경 촬영은 끝났다. 20명 정도의 스태프들은 마지막 촬영날에는 나를 포함 4명만 남았었고 영화는 그렇게 마무리를 했다. 총 3가지 에피소드를 모아 장편을 구성하는 옴니버스 형식의 영화였는데 섹션3가 가장 비중 있고 분량도 길었다. 하지만 촬영을 마치고 몸도 마음도 너무 지치고 생활고에 시달려 편집을 할 엄두를 내지 못했다. 테이프를 방 한 구석에 쌓아 놓고 3월부터 다시 밤엔 대학원 수업을 들고 낮엔 열심히 촬영을 하며 카드 빚과 생활고를 해결해 나갔다. 당시 어려운 독립영화인을 알고 촬영을 맡겨준 많은 지인 분들과 업체 관계자 분들에게 이 책을 통해 감사의 인사를 전하고 싶다.

〈2005 지하철역〉 엔딩에 나오는 반지하 원룸

그렇게 여름이 되고 방학이 되어 모아둔 돈으로 편집할 수 있는 컴퓨터 한 대를 세팅했다. 그리고 2004년 더운 여름 반지하 원룸에서 기나긴 편집과의 싸움이 시작된다. 에피소드1 20분, 에피소드2 20분, 에피소드3 40분 총 1시간 20분이 편집되었다. 하지만 여기서 많은 문제가 발생한다. 추가촬영이 필요한 곳이 몇 곳 있었으며 가장 공들여 찍었던 에피소드3이 이상한 것이다.

〈2005 지하철역〉에서 40분 분량 통 편집된 에피소드3의 장면들

시나리오 때는 분명 기발했는데 찍고 보니 어떻게 편집해도 방향이
안 생기는 것이다. 정말 고민을 많이 했다. 우선 추가촬영이 필요한 곳
은 겨울옷을 입고 다시 촬영을 했다. 하지만 겨울 배경이 나오는 곳은
다시 찍을 수 없었다. 그래서 그 해 겨울이 다시 오기를 기다렸다.

추가 촬영된 교수 씬과 경찰 씬

2003년 12월 24일 크랭크인을 시작해 2004년 12월 겨울이 오기를 기다렸다. 그리고 재촬영에 들어갔다. 섹션3는 과감히 버리고 에피소드1, 에피소드2, 그리고 에필로그를 10분 정도 추가해서 원래 시나리오와는 약간 다른 결론으로 영화는 각색되었다. 메인 주인공도 바뀌게 된다.

1시간 20분이었던 장편영화는 40분에 중편영화로 출품을 하게 된다.

그리고 제목도 〈i(아이)〉에서 〈지하철역〉으로 변경된다. 2003년도에 시작된 촬영이 2005년도 봄에 되어서야 완성이 된다. 그 기쁨에 제목도 〈2005 지하철역〉이라고 2005년도를 표시했다.

재촬영과 추가촬영은 비슷한 뜻이지만 어감이 다르다. 잘못 찍은 걸 다시 찍는 것이 재촬영이지만 추가촬영은 본 촬영 때 미처 찍지 못했던 부분을 찍는 것이다.

연출자라면 '재촬영 해야겠네'라는 말에 부담을 느낄 수 있다.
하지만 추가촬영이라는 부분에서 연출자는 당당해져야 한다.

작품을 찍었는데 추가촬영이 없다면 무조건 의심해보라.
추가 촬영 할 부분이 없는 것이 아니라 발견을 못한 것일 뿐이다.

1-2시간 추가촬영으로 작품의 깊이가 얼마나 깊어질 수 있는지 그 느
낌을 아는 연출자만이 추가촬영을 할 수 있다.

'2005 광주 국제영화제'에 초청되어 상영되었고 KBI와 TU가 주최하
는 DMB콘텐츠 공모전에서 최우수상을 수상 받게 된다. 상금 500만 원
과 함께 DMB 콘텐츠 제작을 할 수 있는 영광까지 함께 얻게 되었다.

만약 에피소드3을 버리지 못하고 추가촬영을 하지 않았다면 나에게
이런 수상과 영화제에 갈 수 없었을 것이다.

〈2005 지하철역〉 시놉시스

작품은 한 공간에서 시작된 세 가지 에피소드로 구성되어 있다.

- 에피소드1

여주인공 섹시한 걸 미나는 화장대에서 이쁘게 꾸미고 지하철을 탄다. 이때 그녀를 본 변태남 황태는 살며시 접근하며 미나의 엉덩이를 히치 한다. 당황한 미나는 지하철을 내리게 되는데……

- 에피소드2

깔끔한 남 정원은 여자친구와 헤어지며 아르바이트 장소를 향해 지하철을 내린다. 이때 배가 아파오기 시작하고 설사가 급하게 나오려 하는데 화장실을 힘들게 찾아가는 순간, 소매치기에게 지갑을 뺏기는데……

- 에필로그

콘돔 판매상으로 위장하여 몰래카메라를 찍어 생계를 유지하고 있는 지남. 단속 경찰에게 걸려 혼이 나다 테이프를 하나 넘겨 위기를 모면한다. 그리고 학과 교수님에게 몰래 촬영된 테이프를 넘기고 기분 좋게 하루를 마감하려고 하는데……

우리의 삶은 항상 예기치 못하지만 이것은 모두 다 예견된 것이다. 그리고 누군가가 지켜보며 의도한 것임은 틀림없다. 이들의 삶을 지켜보며 연명하는 지남. 하지만 이 모든 것이 다시 자신에게 다가올 줄은 예감치 못하는데……

〈2005 지하철역〉 연출의도

같은 공간에서 벌어지는 3가지 에피소드, 중요한 건 보는 사람의 입장과 실제 행위를 하는 사람의 입장은 다르다는 것이다. 과연 승자는 누구인가? 지하철에서 흔히 나타날 수 있는 하나의 행위를 통해서 우리의 삶이 항상 보이는 현상과 다르다는 것을 표현해 보았다. 지하철이란 공간을 통해 우리의 삶을 그려 보았다. 누구나 한 번쯤 경험했을 지하철에서 화장실 찾기. 하지만 지갑을 도난당하고 화장실을 포기하고 뛸 수밖에 없는 주인공.

누군가 나를 바라보고 있다. 우리는 이 모습을 통해 진정한 삶의 가치를 추구하기보단 하나의 물질에 선택할 수밖에 없는 현대인을 모습. 그리고 우리의 삶은 누군가의 의도적인 모습으로 인해 표방되어 다른 사람에게 전달되고 영상으로 표현되어지고 있음을 말하고자 한다. 또한 DVX100의 24프레임의 색감과 로드 촬영에 강한 디지털의 영화의 장점을 필름으로 표현하기 힘든 디테일한 각도를 연출해 보았다.

3사단 백골부대에서...

시간은 참 빠르다.

추위와 더위 속에 2년이 흐르고 이제 약속된 시간이 다가오고 있다.

나는 계획대로 하나씩 나의 목표를 채워갈 것이다.

– 2003년 6월 30일 철원에서 전역을 앞두고

: 18 :

사운드 후반작업
어떻게 할 것인가?

영화 〈원스〉의 흥행요소는 음악적인 감성과 소소한 우리 일상의 모습을 솔직하게
담았기 때문이다. 또한 이 영화는 음악을 통해 삶의 치유와 회복, 사랑을 말해 주
고 있으며, 남자 주인공이 음악인으로써의 삶의 여정을 떠나는 모습을 통해 인생에
서의 꿈과 희망, 그리고 삶의 목표를 제시하고 있다.

영화 〈원스〉

음악으로 기억될 사랑의 순간 사랑하고 그리
워하고 나는 너를 노래한다.

거리에서 노래를 부르는 '그'. 그의 노래를 들으며 그 노래 속에 숨겨진
사랑의 아픔을 한눈에 알아보는 '그녀'와의 만남. 그의 음악을 응원해주
는 그녀 덕에 그는 용기를 얻게 되고, 런던에서의 오디션을 위해 앨범을
녹음하기로 결심한다.

"그녀가 만들어내는 피아노 선율이 나의 마음을 설레게 한다. 그녀가
부르는 노래가, 그녀가 만드는 음악이 나의 마음을 사로잡는다."
　음악을 통해 두 사람은 서로를 이해하고 호감을 느끼기 시작한다. 앨
범이 완성되는 만큼 서로의 매력에 빠져드는 두 사람.

"그녀는 나의 노래를 완성시켜준다. 우리가 함께하는 선율 속에서 나
는, 나의 노래는 점점 그녀의 것이 되어간다."

한 곡, 한 곡 완성되는 음악처럼 그들의 감정은 점점 깊어져가고……
　　　　　　　　　　　　　　　　　　　　〈원스〉 영화제 소개 글.

베이시스트 출신의 '존 카니' 감독과 영국의 실력파 인디밴드 '더 프레임즈'의 리드 보컬인 '글렌 한사드', 그리고 '더 프레임즈'의 게스트로 앨범작업을 함께 한 체코 출신의 어린 소녀 '마르게타 이글로바'가 주인공으로 참여, 뮤지션 출신의 감독과 주인공들이 최고의 음악영화를 탄생시켰다.

〈원스〉는 아일랜드의 더블린 거리를 배경으로 펼쳐지는 이국적인 영상미와, 이와 함께 어우러지는 감성을 자극하는 감미로운 음악으로 관객과 평단의 마음을 사로잡으며, 금세기 최고의 음악영화, 현대의 가장 위대한 뮤지컬영화 중 하나라는 평을 얻으며 인디 음악영화계의 새로운 역사를 만들어 낸 보석 같은 영화로 주목받고 있다.

존 카니 감독의 영화 〈원스〉(2006)는 독립영화의 한 획을 그은 저예산 영화이다. 열악한 촬영과 흔한 스토리. 하지만 음악 하나로 모든 상황을 이겨냈다. 한국에서 영화 OST 판매량이 2만 5,000장의 드림걸스를 넘어 2만 8,000장이 넘어섰다.

사운드를 가장 좋게 편집하는 방법은 무조건 한 가지다. 그것은 사운드를 스튜디오에 맡기는 방법이다. 20분 내외 독립영화 같은 경우는 50-100 정도의 작업을 해주는 곳도 있다. 하지만 적은 예산 독립영화에서 사운드 편집 비용까지 감당하기엔 쉽지 않다.

직접 하거나 편집 시에 최대한 효과를 발휘하는 것이 독립단편이나 UCC 제작에서 중요하다고 할 수 있다.

2010년 이전에는 배경음악 같은 경우도 저작권 문제가 크게 없었기 때문에 팝송이나 영화 OST 중 맘에 드는 부분들을 넣을 수 있었다. 2010년 이후에는 영화제나 공모전에서 사운드 저작권을 물어보는 곳도 꽤 많다. 그리고 유튜브에 영상만 올려도 어느 음악에 저작권이 걸려 있는지 바로 알 수 있다.

대부분 후반 사운드 작업에서 문제는 3가지다.
첫 번째 촬영장에서 녹음이 잘 안 된 연기자의 대사 부분.
두 번째 특정 효과음(문 닫는 소리, 자동차 소리 등)
세 번째 영화 배경음악

영화 〈원스〉 주인공이 노래를 부르는 로드씬

첫 번째 문제는 촬영할 때는 몰랐는데 후반 편집을 하다 보니 주인공 목소리가 너무 작게 들어갔거나 촬영장에 다른 소리와 겹쳐서 문제가 되는 부분이다. 항상 나는 촬영이 끝났을 때 연기자 분들에게 얘기를 한다.

추가촬영이 한 번 정도 있을 수 있다고, 또는 리포터나 아나운서를 데리고 홍보영상을 촬영할 때도 항상 말을 한다. 후반 편집 때 소리가 잘 안 들어간 부분은 따로 스튜디오에서 녹음을 할 수 있다고……

미리 사전에 일어날 상황을 대비해두는 것이다. 따로 스튜디오가 없을 경우는 최대한 조용한 집이나 공간에서 촬영 때 사용했던 카메라와 마이크를 이용해서 주인공의 대사를 녹음하는 것이 좋다.

현장에서 장소가 바뀔 때마다 1분 정도 현장음을 녹음해 둔다면……

주인공 후반 녹음한 부분과 믹스한다면 CU이 아닌 이상 큰 문제가 되지 않는다. 특히 소리가 잘 녹음 안 된 부분들은 CU이 아니라 풀 샷 부분이기 때문이다.

영화 〈원스〉 'Falling Slowly' 곡을 부르는 장면

영화 〈원스〉에서 가장 중요한 부분이었던 두 주인공이 처음으로 같이 'Falling Slowly' 곡을 부르는 장면이다. 여기서 독자들에게 질문을 하나 던지겠다.

Q. 주인공들이 목도리를 많이 하고 나오는데 그 이유를 무엇일까요?

영화 〈원스〉 'Falling Slowly' 곡을 부르는 장면

정답은 사운드 녹음 때문이다. 열악한 저예산 제작을 했기 때문에 촬영 때 따로 사운드 팀을 운영할 수 없었다. 촬영감독과 감독이 각각 카메라 한 대씩을 들고 촬영했다. 무선 마이크를 숨겨야 했기 때문에 목도리를 사용했다고 감독은 말한다. 정말 뛰어난 아이디어이다. 〈원스〉는 후반 작업 시에는 지원을 받아 여유롭게 했지만 프로덕션 단계에서는 정말 힘든 여정이었다고 말한다. 영화를 본 사람은 알겠지만 감독이 찍은 앵글은 정말 카메라가 흔들리고 180도 법칙을 넘는 경우도 많다.

하지만 이 저예산영화가 이렇게 세상 사람들에게 이슈가 되고 알려질 정도로 유명해진 이유는 무엇일까?

음악적인 감성과 소소한 우리 일상의 모습을 솔직하게 담았기 때문이다.

전체를 다 폴리 할 수는 없겠지만 영화의 중요 포인트가 되는 소리는 사운드 효과음에서 찾아서 넣던지 이 부분도 직접 폴리를 하는 방법도 좋다. 특별한 소리가 아닌 이상 연기자의 동선에 맞춰서 직접 자동차 문을 닫거나 커피 잔을 떨어뜨린다든지……

두 번째 특정 효과음 소리들은 요즘 사운드 효과음만 다운 받아도 정말 웬만한 소리들이 다 정리 되어 있다. 물론 찾는데 시간은 오래 걸린다.

폴리를 할 때 가장 좋은 시간은 조용한 2시-5시 사이이다. 이때 촬영 현장이나 비슷한 환경에 맞춰 가서 사운드를 녹음할 수 있다.

영화 〈원스〉에서 스튜디오에서 녹음 중인 두 주인공

영화 〈원스〉 스튜디오 사운드 믹싱 중인 모습

세 번째 영화 배경음악 부분.

영화감독이 가장 중요한 포인트 중 하나는 자신의 주변에서 최대한 도울 수 있는 역량을 찾는 것이다. 주변에 작곡가나 음악 전공하는 사람이 있다면 배경음악을 피아노로 연주해서 넣는 것은 매우 쉽다. 중요한 것은 그 분위기에 맞는 음악을 찾는 것이 중요하다.

자신의 작품에 분위를 맞춰 줄 수 있는 음악의 선곡을 어떻게 할 것인가?

처음에 방법이 없다. 영화 분위기에 맞는 음악들을 많이 들어보며 직접 매치시켜 보는 수밖에…… 잔잔한 음악 같은 경우는 CCM이나 어릴 적 많이 부르던 동요 같은 것을 템포를 극중 상황에 맞게 피아노로 연주해 넣어도 느낌이 상당히 좋다.

자 그럼, 영화 〈원스〉의 엔딩은 어떻게 되는지 보자.

남자 주인공은 자신의 꿈을 위해 음악을 공부하러 떠나기로 결심한다.

그리고 잠시나마 사랑했던 모았던 돈으로 여인에게 피아노를 선물한다.

사진 1.2.3.4 영화 〈원스〉 엔딩 부분

피아노를 선물 받고 좋아하는 여자 주인공과 가족들. 영화 전반에 우울하고 어두웠던 여주인공의 집이 피아노 소리와 함께 환해졌다.

영화는 음악을 통해 삶의 치유와 회복, 사랑을 말해 주고 있으며, 남자 주인공이 음악인으로써의 삶의 여정을 떠나는 모습을 통해 인생에서의 꿈과 희망, 그리고 삶의 목표를 제시하고 있다.

〈영화이론〉
– 가상선(imaginary line)

연기축(action axis) 또는 180도 법칙(180 degree rule)이라고도 한다. 다수의 등장인물이 복잡하게 움직이는 장면을 촬영할 때 연시 전환의 규칙이 깨지지 않도록 하기 위해 적용하는 상상의 선. 일반적으로 감독이나 촬영기사는 마음속으로 카레라 전방의 인물 중 프레임의 양 측면에 위치한, 카메라와 제일 가까운 두 인물 간에 직선을 그은 다음, 촬영을 진행해 감에 따라 그 선을 넘어선 곳으로 바로 카메라를 옮길 수가 없다. 즉 두 인물 사이에 그어진 180도 선과 그 선상에 위치한 카메라 사이의 어느 삼각형 내에서만 자유로이 커트할 수 있다. 만일 이 가상선의 규칙을 어기는 경우에는 시점의 급격한 변화로 인해 혼란을 초래하게 되므로 세심한 주의가 요구된다. 물론 인물의 이동에 따라 각각의 가상선 또한 변화하며, 동시에 카메라 움직임에 따라서도 가상선은 자유롭게 변화하게 된다. 하지만 현대 영화에서 이러한 180도 법칙은 감독의 계획된 의도에 의해 빈번히 위반되는 경우를 볼 수 있다. 정확한 연출의도를 가지고 이러한 180도 법칙을 위반하는 것은 극적인 연출효과와 충격효과 등을 유발시킬 수 있으나, 이러한 법칙을 모르고 어기는 경우나 자주 어기게 되면 관객의 혼란을 초래하게 된다.

김기덕 감독의 첫 작품 〈악어〉를 보면 가상선을 어긴 부분이 있고 영화 〈원스〉도 가상선을 넘어간 부분이 있다. 영화제나 영상공모전에서 가상선은 매우 중요하며 작품 점수에서 큰 감점 요인으로 적용될 수 있다.

– 교차편집(cross cutting, montage)

다른 장소에서 동시에 발생하는 평행 행위를 시간상 전후 관계로 병치시키는 편집기법. 주로 같은 시간 다른 장소에서 벌어지는 분리된 장면들을 앞뒤로 편집하는 것으로 우리는 2가지 각 상황을 보여줌으로 써 사건의 극적효과를 극대화 시킨다. 액션영화중에 격렬하게 싸우고 있는 주인공의 상황에서 전화를 건 주인공의 상황과는 달리 여유 있는 상대방의 상황을 보여줌으로 써 관객은 이 상황을 더욱 흥미롭게 느낄 수 있다.

– 데이 포 나이트(Day fo Night)

밤의 장면을 낮에 촬영하되 밤의 효과를 얻도록 하는 것. 이 방식은 대개 연기자들에 대한 초과수당이나 바쁜 제작일정 따위의 경제적 이유로 행해진다. 한편 이와는 달리 실제 밤에 밤 장면을 촬영하는 것을 나이트 포 나이트라고 한다.

– 설정화면(establishing shot)

시퀀스의 시작 부분에서 향후에 진행될 이야기를 위해 장소나 무대, 또는 극적인 분위기를 예시해주는 화면으로, 관객으로 하여금 의식적이건 무의식적이건 향후의 구체적인 묘사를 혼란 없이 받아들이게 하는 기능을 지닌다. 시트콤에서 씬이 바뀔 때 방송국이나 집 전경을 보여주는 방법

– 슬레이트(slate)

촬영 장면의 내용을 간략하게 기록한 소형의 검은 칠판. 여기에는 각 장면의 정보내용인 제목, 감독, 촬영기사, 롤 번호, 장면 번호, 촬영회수, 날짜 등등이 기록되어 있어 이후 편집단계에서 효율적으로 작업할 수 있도록 한다. 동시녹음 시 사운드와 화면의 동조를 맞추는데 필수적인 장비이다.

사랑하지 않는다면 그런 노래를 할 수 없어요.

– 영화 〈원스〉 대사 중

: 19 :

야간 씬은 최소화하고
영문 자막을 입혀라

기억해라.

스태프 중에 조명장비 탑차를 갖춘 조명감독이 있지 않는 한······
야간 씬은 최소화해야 한다.

예술을 하는 사람들의 밤 시간은 정말 중요하다. 고요한 달빛 아래 잔잔한 음악을 틀어놓고 아메리카노의 향기에 젖어 칼로 깎은 연필을 잡고 한 줄 한 줄 써내려가는 시나리오의 맛이란…… 중독과도 같다.

꼭 시나리오가 아니라도 크리에이티브를 하는 여러 예술 분야 종사자들의 밤 시간은 참 중요하다. 나도 독립영화에 빠져 살던 20대 시절 항상 새벽까지 작업을 하고 해가 뜰 때 잠들어 오후에 일어나 활동을 하는 저녁형 인간으로 살아 왔다.

그래서인지 단편이나 UCC 작품들을 보면 유난히 야간에 촬영된 것들이 많다. 그리고 이런 저녁형 인간의 감독들은 시나리오조차도 야간 씬을 많이 쓴다. 문제는 야간 씬 촬영이 어렵다는 것이다. 같은 노력을 가지고 그 성과를 보기 힘든 것이 야간 씬이다.

물론 집안에서나 지붕이 있는 일정한 공간에서 촬영하는 것은 약간의 조명을 가지고도 어느 정도 표현이 되지만 로케이션 촬영 즉 야외일 경우는 조명 팀을 따로 부르지 않고서는 표현이 절대 어렵다.

빛이 있는 길거리나 큰 가로등불 아래에서 풀샷 정도야 표현이 되겠지만 인물의 표정까지 나타나는 CU 씬은 매우 어렵다. 그래서 지혜가 있는 연출자들은 야간 로케이션 씬일 경우 주인공의 한두 컷 풀 샷만 몇 컷 촬영하고 대사나 본 내용은 실내로 들어가거나 조명을 설치하기 유리한 공간으로 이동을 시킨다. 인물이 만나서 인사를 하고 카페에 바로 들어와서 대사를 진행한다. 이런 것들이 하나의 방법이다.

옛날 편집 프로덕션이나 편집실 같은 경우는 아예 오전에 출근을 하는 사람들이 없었다. 오후나 점심에 출근하는 경우가 많았고 아예 사무실 한 쪽에 침대가 마련돼 있거나 미니숙소를 같이 운영하는 경우도 상당히 많았다. 크리에이티브 분야에 종사하는 사람이 오전에 출근을 한다는 것은 상상도 안 되는 것이다.

하지만 시대가 변했다. 영화 편집실도 이젠 9시에 출근해서 7시면 딱 퇴근하는 편집실이 늘어났다. 우리 사무실만도 웬만해서는 야근을 금기시 한다. 오늘 야근을 하면 작업량은 늘어날 수 있지만 결국 다음날 늦게 출근을 하기 때문에 악순환의 반복이라 할 수 있다.

또한 이제 우리 예술인들도 사람답게, 정상적으로, 할리우드 스타일로, 이런 문화가 장착되면서 낮에 일하고 밤에 쉬는 환경이 생겨나기 시작했다. 물론 9시 출근해서 일하는 게 아침형 인간은 아니다. 다만 내가 후배들에게 바라는 것은 새벽 일찍 일어나는 아침형 인간은 못되어도 9시 정도에는 활동을 시작하는 오전형 인간은 되어야 한다는 것이다.

이것이 현 추세이고 상황인 것이다. 예술 한다고 술을 밤새 퍼마시거나 줄담배를 피며 글을 쓰고 편집을 하던 시절은 이젠 끝났다.

다시 영화 이야기로 돌아와서 후배들 시나리오를 가지고 오면 가장 많이 하는 것이 야간 씬으로 되어 있는 것을 주간 씬으로 바꿔주는 것이다.

주간 씬으로 촬영해도 내용 전개가 충분한 이야기를 야간 씬으로 표시하는 경우가 많다. 본인은 야간에 꼭 찍어야 된다고 주장하는 대부분 제3자 관객입장에서 보았을 때 주야간을 구분할 필요 없는 경우가 상당하다.

기억해라.
당신의 스태프 중에 조명장비 탑차를 갖춘 조명감독이 있지 않는 한, 야간 씬은 최소화해야 한다.

영화는 투자대비 흥행 수익을 창출하는 시스템이라고 할 수 있다. 반대로 독립영화는 도전과 열정이 기본 정신이라면 최소한의 비용으로 최대 효과를 내어야 하는 것 또한 독립영화 정신일 것이다.

길거리 로드 씬일 경우는 촬영 시간대를 잘 맞춰야 한다. 날씨와 계절에 따라 달라지겠지만 7, 8월에는 11시 - 3시, 봄가을에는 12시 - 2시 사이에는 로드촬영을 피하는 것이 좋다. 또한 인물을 살리고 싶다면 간단한 반사판 정도로 주인공에 광량을 더 주는 것도 아주 좋은 방법이다.

　중편 〈She..〉에서는 9월에 촬영에 들어갔었다. 가을 날씨와 하늘을 살리기 위해 오후 3시에 로드 씬을 촬영했다.

저녁노을 씬은 시간을 정말 잘 맞춰야 한다. 정말 촬영할 수 있는 시간이 30분 정도밖에 안 되기 때문에 그 타임을 놓친다면 다음날 또 다시 테이크를 가야 한다.

저녁노을 씬을 찍을 때는 우선 해가 질 무렵에

선 촬영을 한 번 진행하는 것이 좋다.

리허설과 카메라 위치도 선정함으로써 본 촬영 때 빠른 시간에 진행이 가능할 수 있고 또한 만약 저녁노을 씬을 놓쳤을 때를 대비할 수도 있다.

중편 〈She..〉에서도 해가 질 무렵 인물의 위치와 빛의 방향이 역광 라인이라서 리허설로 선 촬영했던 촬영본을 후반 편집 때 사용했다.

장소 섭외를 할 때 항상 기억해야 할 것이 기본 광량이 얼마나 되느냐
이다. 그리고 해가 어느 방향으로 지는지 몇 시 때 가장 예쁜 그림이 나
오는지 유심히 살펴보았다가 촬영을 한다면 최소한의 조명을 가지고도
예쁜 그림을 만들 수 있을 것이다.

조명에 대한 이야기는 여기서 마무리하고 영문 자막에 대한 이야기로 넘어 가겠다. 왜? 왜 영문 자막을 넣으란 이야기일까?

느낌이 어떤가?

다른 점이 있는가?

느낌이 오는가?
아직 모르겠는가?

영문 자막을 넣는 이유는 우선 첫 번째로 해외 영화제를 준비하기 위함이다. 물론 영화제마다 본선 진출작이나 수상작을 해외에 자동 출품을 시키는 경우도 있고 본선 상영작 이상일 경우 자체 영화제에서 자막을 넣어주는 경우도 있다. 큰 의미로는 해외 영화제에 준비를 마친 상태로 출품을 하는 것이고 후에 정말 해외 영화제에 진출을 편하게 하려함일 수 있다.

다른 점을 찾겠는가?

You coming here makes me uncomfortable so i will call you when i get there.

똑같은 느낌인가?

영문 자막을 넣는 것은 상당히 쉽다. 우선 대사와 자막을 넣을 부분을 한글이나 워드로 타이핑을 친 다음 주위에 영작을 잘하는 지인들에게 부탁을 한 다음 하단에 자막 처리만 하면 끝인 것이다.

영문 자막이 있고 없고가 별 차이가 아닐 것이라 느낄지 모르지만 심사를 하는 입장에서는 큰 차이로 다가온다. 감각이 조금이라도 있는 감독이라면 위에 샘플 스틸을 보고 영문자막이 있는 경우와 없는 경우 차이를 분명하게 깨달았을 것이다.

느낌이 오지 않는다면?
꼭 이 길을 걸어야 할지 다시 한 번 진지하게 생각해 보기를 바란다.

〈영화용어〉
— 시퀀스(sequence)

　장소, 액션, 시간의 연속성을 통해 하나의 에피소드를 이루는 이야기가 시작되고 끝나는 독립적 구성단위. 일련의 신이 보여서 하나의 시퀀스가 된다. 전통적으로는 페이드인으로 시작하여 페이드아웃 따위의 광학효과로 끝나는 에피소드적 단위를 지칭했다. 하지만 현재는 화면의 전환이 아닌 내용적 측면에서 시퀀스를 판단하고 있다. 예를 들어 어떤 영화의 '추적 시퀀스'라는 말은 추적 장면을 표현하기 위해 사용된 여러 가지 씬들, 즉 도로 씬과 자동차 씬, 건물내부 씬 등들이 하나의 추적 시퀀스를 형성하게 된다.

— 씬(scene)

　1. 영화를 구성하는 단위 중의 하나로서 동일 장소, 동일 시간 내에서 이루어지는 일련의 액션이나 대사, 일반적으로 쇼트와 시퀀스의 중간 길이에 해당하며 통계적으로는 영화 한 작품(90분)의 경우 약 120개 내외의 씬으로 이루어져 있다고 보는 것이 통례이지만 작품에 따라서는 이 수치의 변화가 심하다. 때로는 우리말의 장면에 해당하는 포괄적인 의미로도 쓰이는데, 이를테면 쇼트, 테이크, 시퀀스, 에피소드, 제스처 또는 특정한 커트나 정서를 환기시키는 특수한 순간 등등이 그것이다.

　2. 특정 화면이나 일련의 특수촬영을 위해 준비되는 세트

– 시나리오의 구성요소

씬넘버(S#), 장소, 시간, 등장인물, 대사, 지문, 장면전환, 카메라워크, 나래이션 등

인서트(Insert) : 삽입장면

모티브(Motive) : 사건 발생의 동기

에필로그(Epilogue) : 영화의 본 내용 뒤에 보여지는 해설

프롤로그(Prologue) : 영화의 내용을 소개하는 도입부분

내러티브(Narrative) : 스토리의 구성

나래이션(Narration) : 줄거리나 감정 등을 설명하는 대사 이외

–씬(Scene)과 시퀀스(Scquence)에 관한 설명

씬(scene) : 동일한 시간과 장소에서 일어나는 일련의 상황이나 사건.

시퀀스(scquence) : 연극의 '막', 소설의 '장'에 해당. 하나의 씬 또는 여러 개의 씬으로 구성된 하나의 에피소드.

: 20 :

공모전에 출품할 때
추가로 알아야 할 몇 가지 것들

하나의 영상을 제작했을 때 여러 곳에 출품을 하지만 자신의 찍은 작품과 해당 공
모전의 주제와 가장 잘 부합되는 곳에 출품을 하는 것이 좋다.

- UCC(User Created Contents)

사용자 제작 콘텐츠를 뜻하는 단어로 개인이 직접 만든 저작물(영상, 사진 등 디지털 콘텐츠)을 말한다. UCC는 동영상이 그 부문의 대다수 차지하고 있으며, 특별한 형식이나 촬영 기법보다는 창의적인 내용을 기반을 만들어진 영상이 인기가 높다(프리 허그, 몰래카메라). UCC는 상업적인 목적으로 제작된 저작물은 포함하지 않는다.

최근 공모전에서 이벤트성으로 UCC 공모전을 많이 한다. 일반 시민이나 학생이 편안하게 공모전에 참가하고 이 행사를 알리기 위함이다. 물론 UCC 공모전에는 특정 주제를 주거나 형식에 제한을 두는 경우도 있다.

매번 공모전 때에 그 공모전에 형식과 모든 것을 맞춰서 촬영과 편집을 하면 좋겠지만 실제로 시간이 정말 여유로운 사람이 있는 것이 아니면 매우 어렵다. 만약 5분에 초단편 영화를 찍었다면. 이번에 세종시에서 하는 공모전에 참가하고 싶다면.

오프닝과 엔딩은 해당 도시를 배경으로 추가촬영을 해서 제출을 해야 한다.

본 내용까지 세종시에서 촬영을 할 수는 없지만 오프닝(영화 타이틀이 들어가는 부분)은 특정 주인공이 안 나오더라도 세종시에 유명한 장소에서 촬영을 해서 타이틀을 넣어야 되고 엔딩 또한 에필로그를 추가로 촬영해서 세종시에서 끝내야지만 공모전에 좋은 점수를 받을 수 있다.

그리고 시에서 주최하는 공모전에 출품할 때의 해당 시 장면을 최소한의 컷을 넣어주는 것 또한 공모전에 대한 예의이다.

작년에 모 시에서 열리는 공모전 심사위원으로 참석을 했었다. 최종 본선작품 중 대상을 뽑는 가운데 두 작품이 나열되었다. 한 작품은 해당 시의 유명한 곳들을 정리하여 한 편의 홍보영상을 만들어서 제출했다. CG와 자막이 깔끔했고 누가 봐도 전문가가 제작한 영상이었다. 또한 편은 모 고등학교 학생들이 해당 시에 유명한 곳을 마라톤 달리듯 서로 이어달리는 장면이다. 아이디어는 매우 좋았지만 촬영이나 편집이 아쉬운 부분이 많았다.

두 분의 심사위원은 전자를 택한 상황에서 나는 이렇게 말했다.

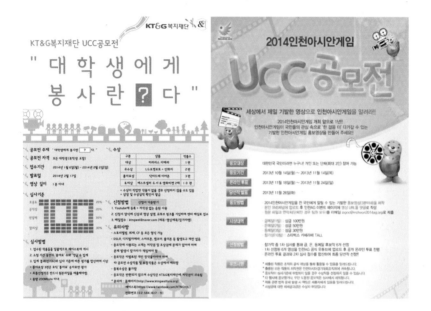

" 'UCC 공모전'이라는 것은 전문성 가진 프로가 참가하는 영화제가
아니라 일반 시민이나 학생이 참가하는 공모전이라고 생각합니다. 완성
도는 매우 높지만 저렇게 CG 작업을 통해 전문가가 제작한 작품을 대
상을 준다면 이건 UCC 공모전이 아닌 거 같습니다. 저 작품을 대상을
준다면 저는 심사위원에서 제 이름을 빼겠습니다."

대상은 학생 작품으로 돌아가고 CG로 제작된 작품은 우수상 수상으
로 결론이 맺어졌다.

공모전은 해당 주제와 작품의 연관성을 매우 중요시한다.

대학원 시절에 회혼식 즉 결혼 30주년을 기념해서 다시 하는 결혼식 촬영이 들어왔다. 후배 중에 하나를 보내 촬영을 시켰는데 이 친구가 평소에 다큐 제작에 대해 관심이 많았다.

'회혼식의 남다른 의미가 있구나' 생각한 후배는 다큐로 제작하기로 마음먹고 회혼식을 마친 가족과 해당 주인공인 할아버지, 할머니께 양해를 구했다. 그래서 평소 가족들의 모습을 하루 촬영하고 할아버지가 일하는 모습 그리고 제주도로 가족들이 여행을 떠나는 모습을 추가로 촬영을 했다. 그래서 회혼식 영상과 같이 편집해서 10분 정도의 다큐를 만들었다.

당시만 해도 나는 이 회혼식 다큐가 무슨 의미가 있을까 했지만 결과는 달랐다. 그 해 경기도에서 '충효예'를 주제로 공모전이 열렸고 후배는 최우수상을 받아 상금 500만 원과 함께 경기도청상을 받게 되었다. 그 경력이 훗날 대기업 교육 팀에 영상 PD로 들어갈 수 있는 역량을 발휘하게 된다.

하나의 영상을 제작했을 때 여러 곳에 출품을 하지만 자신의 찍은 작품과 해당 공모전에 주제와 가장 잘 부합되는 곳에 출품을 하는 것이 좋다.

주변을 돌아보면 평상시 무의미하게 지나가는 많은 상황과 행동 속에 재미있고 교훈 있는 상황 등이 많이 있다. 단지 우리가 모르고 지나가는 일상이기 때문에 아무런 의식도 의미도 못 찾는 것이다.

단편이나 UCC나 시나리오를 구상할 때 많은 어려움이 있는데 정답은 어렵게 무언가를 만들려고 하지 말고 우리 일상의 모습을 솔직하게 표현해 보라고 말하고 싶다. 그 안에 극적인 요소, 영화적 기법만을 추가하면 그 작품이 바로 대상 작품인 것이다.

김은진 감독의 단편 〈수희 이야기〉

　가족 간의 갈등을 그린 영화 〈수희 이야기〉의 도입 부분 스틸 컷. 영화는 엄마와 아빠의 갈등과 딸과의 아빠와의 갈등을 그린 작품이다. 긴 식탁 위에 식사하는 가족들의 모습이 한 컷으로 현재 가족의 심리상태가 표출되고 있다. 공간과 인물 사이의 거리를 통해 다른 설명이 없어도 관객은 가족의 갈등구조를 느낄 수 있을 것이다. 영화에서 인물간의 거리는 정말 중요하다. 그것이 촬영할 때 영화적 깊이로 심사할 때는 연출력으로 느껴진다.

김은진 감독의 단편 〈수희 이야기〉

어머니와 딸의 거리, 그리고 딸과 아버지의 거리 즉 어머니와 딸과 아버지 가족 간의 감정선을 오버 더 숄더 샷으로 잘 표현했다.

이연걸 주연의 〈영웅〉에서도 2명의 고수가 만나 싸움을 하기 전의 감정과 갈등 곡선을 두 고수를 화면 끝으로 서로 배치함으로써 둘 사이의 거리감을 통해 인물간의 갈등 구조를 강하게 표현했다.

독립 장편을 준비하고 있다면 박상원 감독의 〈묻지마 패밀리〉를 추천하고 싶다. 영화는 3가지 단편으로 구성되어 있다. 각 에피소드는 감독의 연출력과 시나리오의 창의성이 매우 돋보였다. 장편으로 표현하기 조금 지루해질 수 있는 소재였지만 단편으로 표현하기엔 아주 재미있고 색다른 작품이었다.

장편은 호흡이 중요하다. 장편은 단편과 달리 긴 호흡을 유지해야 한다.

특히 저예산 독립영화로 장편을 제작하기엔 제작비와 스태프들의 뒷받침 또한 충분치 못할 것이며 연출자 혼자의 능력으로 장편을 이끌어가기엔 정말 힘들 것이다. 장편을 준비하는 후배나 제자들에게 3가지 에피소드의 단편을 추천하는 이유는 우선 하나씩 제작하면 되기에 제작비나 연출에 대한 부담감이 줄어들고 작은 쇼트는 단편으로 출품하고 3가지 단편을 마지막 에필로그 씬을 추가해 묶는다면 훌륭한 장편이 될 수 있을 것이다.

삼국지의 유비에게는 도원결의로 맺어진 의형제 관우, 장비가 함께 했다. 그리고 조운과 같은 침착하면서도 용맹한 맹장이 함께 했다. 하지만 계속된 연패로 한 곳에 자리를 못 잡는다. 그러다 나타난 것이 제갈량의 합류이다. 서서가 유비를 떠나면서 자신보다 뛰어난 제갈량을 천거한 것이다. 삼고초려라는 진심을 다한 유비의 간절함이 제갈량의 마음을 움직였다. 이렇게 관우, 장비, 조운과 지략가 제갈량을 둔 유비의 기세는 매우 높아진다. 영화도 마찬가지이다. 감각적인 촬영감독, 적극적인 조감독, 후반작업에 혼을 부어줄 편집감독 이 정도 구성만 되어 있다면 아마 무적일 것이다. 이 셋을 못 갖추었다고 해도 최소한 자신과 마음 맞고 현장에서 편하게 연출할 수 있는 촬영감독은 단편에서 매우 중요하다.

나의 모든 작품은 김민용 감독이 촬영했다. 촬영전공 출신이 아니라 연출 전공 출신인 김민용 감독에게 모든 촬영을 맡겼던 것은 나와 가장 호흡이 잘 맞고 함께 작품을 만들어가기 원했기 때문이다.

영화는 종합예술이다. 또한 연출자는 모든 구성원의 능력을 잘 모아 운영할 줄 아는 사람이어야 한다.

요즘은 영화과나 영화 아카데미에 가지 않아도 작은 동호회나 가격이 비싸지 않는 필름 아카데미 같은 것이 많다. 중요한 것은 어딜 가든지 자신이 찍고 싶은 시나리오를 들고 가야 된다는 것이다. 필름 아카데미에서 만난 사람들과 돌아가며 연출을 하는 팀도 많이 보았다. 서로 도우면서 연출을 하면 작품 완성도 또한 높아질 수 있다.

우리 주변엔 좋은 프로그램, 좋은 기회들이 많지만 생각만 할 뿐 행동으로 옮기지 못해 놓치는 경우가 많다. 지금 이 책을 읽는 당신도 분명 관심은 많겠지만 촬영하지 못해 시나리오만 노트에 적은 채로 시간만 흘려보내고 있지는 않는가?

대학원 영화 시나리오 과목의 마지막 날 수업이었다.
교수님께서는 이 마지막 얘기를 하고 수업을 마치겠다고 하셨다.
작가(감독)에게 있어서 삶은 딱 두 가지밖에 없다.

하나는 자신의 작품을 촬영 중이거나
두 번째는 자신의 작품의 시나리오를 아직 구상 중이다.

자신은 첫 작품을 찍고 그 작품이 흥행에서 실패했기에 후속 작품을 제작에 힘써줄 영화사가 없어서 다음 작품을 못 찍고 있고 어쩌면 죽을 때까지 다음 작품을 못 찍을 수도 있다. 하지만 자신은 지금도 다음 작품을 위해서 시나리오를 구상하고 있다. 이것이 바로 감독의 삶인 것이다.

사람들이 나에게도 가끔 묻는다. 영화 안 찍어? 작품 안 해? 돌아보면 29살 독립영화 〈초대〉와 태원 영화사에서 제작한 〈이것이 사랑이다〉 이후 영화제작은 마지막이었다. 물론 30살부터 프로덕션을 시작하면서 크고 작은 홍보, 교육영상, CF 등을 촬영했지만 순수한 작품은 아니었다. 물론 미국시장은 드라마, 영화, 영상 등의 경계가 없고 현재 한국도 보이지 않는 이 작은 경계가 점점 사라지고 있다.

영화는 예술 산업이며…… 영상은 상업을 기초로 한 산업시장이다.
작가에게 있어 예술과 상업을 공존시키긴 힘든 것이다. 물론 이 두 가지를 소화해내고 있는 사람들도 있지만 그분들의 능력은 대단한 것이다.

현재는 작품을 찍기보다는 후배들의 작품을 도와주고 제자들의 작품 활동을 코멘트 해주는 것에서 더 큰 기쁨을 얻고 있다. 영화인의 선배이자 멘토로 활동하는 것이다. 책을 집필하면서 나와 같이 힘들었던 이 길을 걸을 후배들과 제자들을 생각하며 눈시울이 뜨거워질 때도 많았다.

이 길이 정말 쉽지 않다. 이 글을 읽는 독자라면 분명 영화제작에 깊은 관심이 있어서일 것이다. 작품은 만든다는 것은 자신과의 고독한 삶의 싸움이자 자신의 가슴속 깊이 담겨 있는 메시지를 표현하고 싶은 깊은 욕망과의 사투일 수 있을 것이다.

그 안에 기쁨, 슬픔, 행복, 고뇌 모든 것들이 녹아들아 하나의 작품으로 완성될 것이다. 너무 어렵게 생각하지 말라. 시나리오와 어떻게 찍을까 고민하다가 시간을 허비하지 말라. 때론 찍으면서 생각하고 배우는 것이 더 빠를 수도 있다. 많이 찍어본 사람이 더 많은 것을 느끼고 좋은 작품을 완성시킬 수 있는 것이다.

그동안 가슴속 깊이 타오르고 있던 작품에 대한 열정과 멘토로서 나만의 노하우를 부족하지만 이 책에 최선을 다해 담았다. 이 책은 또 하나의 작품이자 나의 영화인 것이다.

이 책이 여러분들 가슴속에 감독의
열정이 붉게 타오르게 하길 진심으로 바라면서……

2014. 5. 11(my birthday)
영화감독 **김양식**